DIE SUPPENBIBEL

DIE SUPPENBIBEL

Parragon

Bath • New York • Singapore • Hong Kong • Cologne • Delhi
Melbourne • Amsterdam • Johannesburg • Auckland • Shenzhen

Einleitung: Christine McFadden
Cover-Illustration: Georgina Luck, www.georginaluck.com
Zusätzliche Fotografien: Mike Cooper

Realisation der deutschen Ausgabe: trans texas publishing, Köln
Übersetzung: Anastasia Sioutis (für trans texas), u.a.
Lektorat: Katrin Höller, Köln

ISBN 978-1-4454-4994-4

Printed in China

Hinweise
Sofern die Schale von Zitrusfrüchten benötigt wird, verwenden Sie unbedingt unbehandelte Früchte. Sind Zutaten in Löffeln angegeben, ist immer ein gestrichener Löffel gemeint: Ein Teelöffel entspricht 5 ml, ein Esslöffel 15 ml.

Sofern nicht anders angegeben, wird Vollmilch (3,5% Fett) verwendet. Es sollte stets frisch gemahlener schwarzer Pfeffer verarbeitet werden. Bei Eiern und einzelnen Gemüsesorten, z. B. Kartoffeln, verwenden Sie mittelgroße Exemplare.

Kinder, ältere Menschen, Schwangere, Kranke und Rekonvaleszenten sollten auf Gerichte mit rohen oder nur leicht gegarten Eiern verzichten. Die angegebenen Zeiten können von den tatsächlichen leicht abweichen, da je nach verwendeter Zubereitungsmethode und vorhandenem Herdtyp Schwankungen auftreten.

Bildnachweis
Seite 164–165: Venusmuscheln auf dem Tisch © Justin Lewis/UpperCut Images/Getty Images

Inhalt

Einleitung

Es gibt kaum ein Land auf der Welt, das keine eigene Suppenspezialität hat. Dass Suppen so populär sind, überrascht wenig, sind sie doch zugleich lecker, sättigend, meist kalorienarm und günstig herzustellen. So können die Reste vom Vortag – Fleisch und Fisch, Reis und Nudeln sowie nicht mehr ganz appetitlich aussehendes Gemüse – prima zu einer Suppe verarbeitet werden. Während die Suppe köchelt, brauchen Sie nicht die ganze Zeit am Herd zu stehen, sondern können sich anderen Dingen widmen. Auch können Suppen sehr gut im Voraus zubereitet und bis zum Verzehr kühl aufbewahrt werden. Suppen kann man zu jeder Jahreszeit genießen: Reichhaltige heiße Suppen sind ideal für kalte Herbst- oder Wintertage; kühle leichte Suppen erfrischen wunderbar an heißen Sommertagen. Vor allem können Suppen zu den verschiedensten Anlässen serviert werden und eignen sich sowohl als sättigende Hauptmahlzeit als auch als appetitanregender Beginn eines Menüs.

Grundzutaten für die Suppenzubereitung

AUS DEM VORRATSSCHRANK

Viele Suppen können schnell aus dem zubereitet werden, was sich gerade in Ihrem Vorratsschrank befindet. Falls Sie häufiger Suppen zubereiten möchten, ist es ratsam, einen Grundbestand an geeigneten Zutaten vorrätig zu haben.

Brühe

Qualitativ hochwertige Brühe bildet die Basis einer guten Suppe. Am besten schmecken selbst zubereitete Brühen und Fonds (siehe Seite 14–16). Sollten Sie nicht die Zeit haben, selbst eine Brühe aufzusetzen, können Sie sich auch mit einer gekauften behelfen. Hier gibt es große Qualitätsunterschiede. So enthalten die meisten Brühwürfel sehr viel Salz. Fertige Markenfonds im Glas sind da meist eine bessere Wahl.

Bindemittel

Suppen lassen sich mit Bindemitteln auf Mehlbasis sehr einfach andicken. Dies ist die klassische Methode: Pro Liter Suppe 25 g Mehl mit 25 g Butter glatt rühren, dann nach und nach in die Suppe rühren. Die Suppe aufkochen und 5 Minuten unter Rühren köcheln.

Speisestärke, Pfeilwurz- und Kartoffelmehl eignen sich besonders, um klare Suppen zu binden. Am besten rührt man sie zunächst mit etwas Wasser glatt, bevor sie, gegen Ende der Garzeit, in die heiße Flüssigkeit gegeben werden.

Reismehl kann direkt in die heiße Flüssigkeit gerührt werden.

Essig

Einige Tropfen Wein- oder Reisessig verleihen Suppen ein leicht saures, vollmundiges Aroma. Balsamico-Essig sollte erst kurz vor dem Servieren über die Portionen geträufelt werden.

Getrocknete Kräuter

Kräftig schmeckende Kräuter wie Rosmarin, Thymian, Salbei und Oregano behalten ihr Aroma auch, wenn sie getrocknet werden. Getrocknete Kräuter sollten möglichst schon beim Andünsten der Zutaten, also vor der Zugabe von Flüssigkeit, zugefügt und kurz mit angebraten werden. Sie sollten möglichst nur in kleinen Mengen gekauft und in luftdicht verschließbaren Gefäßen kühl und dunkel aufbewahrt werden.

Getrocknete Pilze

Morcheln, Shiitake und Steinpilze entwickeln beim Trocknen ein unvergleichliches Aroma. Weichen Sie die Pilze 15 Minuten vor der Verwendung in Wasser ein. Die aromatische Einweichflüssigkeit sollte ebenfalls in die Suppe gegeben werden.

Gewürze

Die gängigsten Gewürze für Suppen sind schwarzer Pfeffer, Chiliflocken, Cayennepfeffer, Paprikapulver, Kurkuma und Koriander. Auch geriebene Muskatnuss und Zimt werden gerne verwendet. Da gemahlene Ware schnell an Aroma verliert, sollten Sie Gewürze im Ganzen kaufen und nach Bedarf zermahlen. In einem luftdicht verschließbaren Behälter kühl und dunkel aufbewahrt, behalten Gewürze gut ihr Aroma.

Hülsenfrüchte

Dazu zählen Bohnen, Erbsen, Linsen und Kichererbsen, die sich durch ihre weiche Konsistenz und ihr wunderbares Aroma gut als Suppenzutaten eignen. Getrocknete Hülsenfrüchte müssen vor der Zubereitung eingeweicht werden. Hülsenfrüchte aus der Dose können sofort verwendet werden.

Nudeln

Kleine Nudeln in verschiedenen Formen werden gerne in italienischen Suppen, beispielsweise der klassischen Minestrone, als Einlage verwendet. Asiatische Nudeln machen klare Suppen nahrhafter und verleihen ihnen Biss.

Öl

Sollen die Zutaten zunächst angebraten bzw. gedünstet werden, sollten hierfür relativ geschmacksneutrale Öle, beispielsweise Sonnenblumen-, Raps- oder Traubenkernöl, gewählt werden. Kräftig schmeckende Öle, etwa natives Olivenöl extra oder geröstetes Sesamöl, sollten eher zum Beträufeln der fertigen Suppe verwendet werden. Öle möglichst kühl und dunkel lagern, da sie schnell ranzig werden.

Reis und Getreide

Reis, Perlgraupen, Weizenkörner oder anderes Getreide sind wunderbare Suppeneinlagen, da sie diese gehaltvoller machen.

Saucen und Würzmittel

Ein Spritzer Soja- oder Fischsauce verleiht asiatischen Suppen die richtige Würze. Das Aroma von kräftigen Suppen wird durch Worcestersauce hervorgehoben. Einige Tropfen Tabasco geben Suppen hingegen einen scharfen Kick. Auch Tomatenmark und Sardellenpaste eignen sich gut zum Aromatisieren.

Salz

Gehen Sie mit Salz sparsam um. Hier gilt die Devise: Besser nachwürzen, als eine versalzene Suppe servieren. Bei der Zubereitung ist es ausreichend, ein herkömmliches Speise- oder Meersalz zu verwenden. Vor dem Servieren kann noch etwas Fleur de Sel über die Portionen gestreut werden.

FRISCHE ZUTATEN

Je frischer die verwendeten Zutaten sind, desto schmackhafter und gesünder ist die Suppe. Verarbeiten Sie möglichst frische saisonale Produkte, da diese viele Vitamine enthalten.

Milchprodukte

Diese machen Suppen gehaltvoller und sind zudem wertvolle Eiweiß- und Kalziumlieferanten.

Butter kann sowohl zum Andünsten der Suppenzutaten verwendet als auch am Ende der Garzeit untergerührt werden.

Käse wird meist zum Garnieren bzw. Servieren der Suppen verwendet. Hartkäse, z. B. Parmesan oder Emmentaler, lässt sich gut reiben und über den Suppenportionen verteilen. Weichkäse wie Mozzarella oder Camembert eignen sich gut als Belag für Croûtes (siehe Seite 13). Zerbröselter Feta verleiht mediterranen Suppen eine leicht salzig-pikante Note.

Sahne, saure Sahne und Crème fraîche sorgen für eine cremige Konsistenz. Sie sollten niemals in die noch kochende Suppe gerührt werden, da sie sonst gerinnen können. (Sollte dies passiert sein, beachten Sie den Tipp auf Seite 13.)

Naturjoghurt verleiht reichhaltigen Suppen eine frische Note und dient auch als Basis für kalte Suppen. Rühren Sie Joghurt nie in die noch kochende Suppe, da er sonst gerinnt.

Fisch und Meeresfrüchte

Diese besitzen ein feines Aroma und eine zarte Konsistenz, weshalb sie nur behutsam gegart werden sollten, damit sie nicht zerfallen oder zäh werden.

Seeteufel, Heilbutt und Snapper bilden die Grundlage für gemischte Fischsuppen, etwa die französische Bouillabaisse. Das Fischfilet sollte in große Stücke geschnitten werden.

Lachs eignet sich gut für leichte Frühlings- oder auch asiatische Nudelsuppen. Am besten verwenden Sie Lachssteak, das in Stücke geschnitten wird, oder aber Streifen vom Lachsschwanz, da dieser nicht so viele Gräten enthält.

Garnelen sind unverzichtbar für viele asiatische Suppen, z. B. Laksas. Nach Wunsch können Sie vor der Weiterverarbeitung die Garnelen aus den Schalen befreien und die Darmfäden entfernen, die am Rücken der Schwänze verlaufen.

Muscheln sind gerne Bestandteil mediterraner Suppen oder auch der cremigen Chowders aus Amerika. Sie sollten vor der Weiterverarbeitung gut abgespült und abgebürstet werden.

Fleisch

Suppen mit Fleischeinlage schmecken vorzüglich und sind gehaltvoll. Auch zähere Fleischstücke werden nach der langen Garzeit schön zart. Gegarte Fleischreste vom Vortag lassen sich ebenfalls gut in Suppen verarbeiten.

Rind- und Lammfleisch haben einen kräftigen Eigengeschmack, weshalb sie mit sehr aromatischen Zutaten kombiniert werden. Für Rinderbrühen sollten Sie Suppenfleisch verwenden. Bei Lammfleisch wählen Sie am besten ein Stück aus der Schulter. Rinder- oder Lammhack kann zu Bällchen geformt und in der Suppe gegart werden.

Schweinefleisch hat einen leicht süßlichen Geschmack, der hervorragend zu cremigen, aber auch asiatischen Suppen passt. Von Filet über Kasseler bis hin zu Schweinsfüßen können Sie alle möglichen Fleischschnitte für die Suppenzubereitung verwenden. Speck verleiht allen Arten von Suppen einen wunderbar aromatischen Geschmack.

Geflügel

Geflügelsuppen sind auf der ganzen Welt beliebt, sodass es Hunderte von Rezepten und Variationen gibt.

Hühner- und Putenfleisch können in den Suppen gegeneinander ausgetauscht werden. Entfernen Sie die Haut, und schneiden Sie das Fleisch in mundgerechte Stücke.

Entenfleisch verleiht vor allem asiatischen Suppen einen vollmundigen Geschmack. Sein Aroma passt gut zu aromatischen Gewürzen wie Sternanis oder Fenchelsamen. Entfernen Sie die Haut und das darunterliegende Fett vom Fleisch, und schneiden Sie dieses in mundgerechte Stücke.

Gemüse

Die Vielseitigkeit von Gemüse macht es zur Basis der meisten Suppen. Gemüse schmeckt nicht nur gut, sondern verleiht Suppen auch Farbe, Biss und, nicht zu vergessen, viele Vitamine und Nährstoffe.

Klassisches Suppengemüse

Karotten, Zwiebeln und Stangensellerie sind unentbehrlich für die Zubereitung einer guten Brühe.

Kartoffeln, Pastinaken und Knollensellerie verleihen Suppen ein vollmundiges, süßliches Aroma. Mehlig kochende Kartoffeln können zum Andicken verwendet werden.

Knoblauch, Schalotten und Porree geben der Suppe eine leicht süßliche Würze. Beim Kochen werden sie schön weich und zergehen auf der Zunge.

Blattgemüse, beispielsweise Spinat, Kohl oder Mangold, hat einen kräftigen Geschmack, eine leuchtende Farbe und enthält viele Vitamine und Mineralstoffe. Es macht sich gut in Fleisch-, Bohnen- und Nudelsuppen. Entfernen Sie die harten Stiele und schneiden Sie die Blätter in Streifen. Spinat und Mangold geben beim Kochen viel Flüssigkeit ab, sodass Sie die Menge der Brühe für die Suppe reduzieren sollten.

Saisongemüse

Spargel, Erbsen, Zucchini und Mais ergeben erfrischende Frühlings- und Sommersuppen. Achten Sie darauf, dass das Gemüse knackig frisch ist, und bereiten Sie es möglichst innerhalb von 24 Stunden nach dem Kauf zu.

Rucola und Brunnenkresse verleihen Suppen eine pfeffrig-pikante Note. Sie passen gut zu cremigen Suppen.

Tomaten und Paprika schmecken am besten, wenn sie im Spätsommer geerntet werden. Sie sind Bestandteil vieler mediterraner Suppen, etwa des spanischen Gazpacho.

Kürbis ist eine beliebte Suppenzutat in Herbst und Winter. Wenn Sie ihn in Spalten schneiden, im Ofen rösten und anschließend pürieren, erhalten Sie eine tolle Suppenbasis.

Topinambur hat ein einzigartiges, leicht nussiges Aroma. Für eine schmackhafte Wintersuppe kochen Sie die Knollen einfach in Brühe, die mit etwas Milch versetzt wird.

Pilze passen zu fast allen Arten von Suppen. Sie sollten nicht gewaschen werden, da sie sich schnell mit Wasser vollsaugen. Es reicht aus, wenn sie mit etwas Küchenpapier vorsichtig abgerieben werden.

Suppen pürieren

Viele Suppen können glatt püriert werden, was ihnen eine unvergleichlich geschmeidige Konsistenz verleiht. Ausnahmen sind klare Suppen und Fleischbrühen sowie Nudel- und Getreidesuppen. Es gibt auch Suppen, die nur teilweise püriert werden. Der pürierte Teil, meist zwei Drittel der Suppe, wird unter den noch stückigen Anteil gerührt. Dies verleiht der Suppe mehr Biss und eine schöne Optik.

Mit welchen Hilfsmitteln Sie die Suppe pürieren, hängt davon ab, wie glatt und cremig das Ergebnis sein soll: Sie können elektrische Geräte zur Hilfe nehmen oder aber die Suppe mit einem Stampfer per Hand pürieren.

Standmixer

Für eine sehr glatte Suppe sollte man den Standmixer verwenden. Seine Klingen bewegen sich meist schneller als bei einer herkömmlichen Küchenmaschine und erzeugen dadurch ein sehr feines Püree. Das relativ enge Gefäß sorgt dafür, dass die Zutaten gleichmäßig mit den Klingen in Berührung kommen. Sie sollten während des Pürierens, vor allem von heißen Suppen, den Deckel des Gefäßes mit einem gefalteten Küchenhandtuch nach unten gedrückt halten, da der Inhalt überlaufen könnte, sobald die Klingen anfangen zu rotieren. Um ein Überlaufen zu verhindern, sollte das Gefäß immer nur bis zur Hälfte gefüllt werden. Pürieren Sie die Suppe also besser portionsweise.

Küchenmaschine

Die Schüssel einer Küchenmaschine hat ein relativ großes Fassungsvermögen, kann also zum Pürieren von größeren Mengen verwendet werden. Pürieren Sie die Suppe am besten mit der „Puls"-Funktion, da Sie die Konsistenz so am besten unter Kontrolle haben. In der Küchenmaschine pürierte Suppen sind meist etwas stückiger als solche, die mit dem Pürierstab oder im Standmixer püriert werden.

Pürierstab

Wenn Sie einen Pürierstab verwenden, wird die Suppe nicht umgefüllt, sondern kann direkt im Topf püriert werden. Dies ist insofern praktisch, als Sie später weniger spülen müssen. Der Pürierstab wird in kreisenden Bewegungen durch die Suppe

geführt und zerkleinert die festen Bestandteile. Das Ergebnis ist aber nicht ganz so glatt wie bei der Verwendung eines Standmixers.

Passiermühle (Flotte Lotte)

Diese erinnert an ein großes Sieb, in dessen Boden Metallblätter eingelassen sind, die sich durch eine Kurbel schnell drehen lassen. Die Zutaten werden zerkleinert und durch den Siebboden gedrückt. Das Gerät wird auf einen Topf oder eine Schüssel gestellt, um das Püree aufzufangen.

Passiersieb

Diese trichterförmigen Siebe, auch Spitz- oder Bouillonsieb genannt, eignen sich perfekt zum Passieren von Suppen. Die weichen Zutaten werden durch das feinmaschige Sieb gestrichen und dadurch zu einem samtigen Püree verarbeitet.

Garnieren & Servieren

GARNIERTIPPS

Wählen Sie zum Garnieren von Suppen Zutaten, die einen schönen Kontrast zu Farbe und Konsistenz bilden und den Geschmack der Suppe unterstreichen.

Kräuter

Frisch gehackte Kräuter, die kurz vor dem Servieren über die Portionen gestreut werden, verleihen jeder Suppe zusätzlichen Geschmack und eine schöne Optik.

Gewürze

Pikante Gewürze, wie etwa schwarze Pfefferkörner oder Kreuzkümmel, unterstreichen den Geschmack von Suppen mit Hülsenfrüchten oder peppen einfache Gemüsesuppen auf. Mahlen Sie die Gewürze kurz vor dem Servieren, und verteilen Sie sie auf den Suppenportionen.

Pesto und Tapenade (Olivenpaste)

Mit einem Löffel Pesto können Sie vor allem mediterranen Pasta- oder Bohnensuppen einen schönen Farbtupfer und zusätzlichen Geschmack verleihen.

Öl

Einen schönen optischen und geschmacklichen Effekt erreichen Sie, wenn Sie etwas natives Olivenöl extra über mediterrane Suppen träufeln. Asiatische Suppen sollten mit geröstetem Sesamöl beträufelt werden.

Nüsse, Kerne und Saaten

Gehackte geröstete Nüsse, Kerne und Saaten verleihen pürierten Gemüsesuppen zusätzlichen Biss und Aroma.

Speck

Geröstete Speckstreifen oder -würfel verleihen einfachen Gemüsesuppen einen geschmacklichen und optischen Kick.

Gemüse

Feine Karotten-, Pastinaken- oder Porreestreifen sind eine schöne Garnierung für pürierte und cremige Suppen. Gehackte Frühlingszwiebeln oder klein gewürfelte entkernte Tomaten sorgen für tolle Farbeffekte.

Sahne und Joghurt

Schlagsahne, saure Sahne oder Joghurt, dekorativ auf den Suppenportionen platziert, sind optisch und geschmacklich eine Bereicherung. Sie machen Suppen gehaltvoller und mildern scharfe Varianten ab. Crème fraîche, Crème double und griechischer Joghurt gerinnen in Suppen nicht so leicht, da sie mehr Fett enthalten als Schlagsahne und Naturjoghurt.

Aioli (siehe Seite 168)

Diese reichhaltige Mayonnaise enthält viel Knoblauch. Vor allem mediterrane Fisch- und Gemüsesuppen können mit einem Löffel Aioli geschmacklich aufgewertet werden.

Rouille (siehe Seite 167)

Diese rote Paste aus der Provence enthält ebenfalls viel Knoblauch. Rouille wird traditionell zum Garnieren von Bouillabaisse oder anderen mediterranen Fischsuppen verwendet. Die Paste kann auf Croûtes verstrichen oder direkt auf die Suppe gegeben werden.

PERFEKTE BEILAGEN

Soll die Suppe als vollwertige Mahlzeit und nicht als Zwischenmahlzeit oder Beginn des Menüs serviert werden, sollten Sie noch Beilagen, klassischerweise Brot, dazu servieren.

Brot

Brot ist der perfekte Begleiter für jede Suppe. Es macht die Mahlzeit nicht nur gehaltvoller, sondern eignet sich auch dazu, noch den letzten Tropfen Suppe aufzunehmen. Die Auswahl an Brot ist groß, und mittlerweile haben auch exotischere Brotsorten, etwa indisches Naan, Einzug in die Regale der Supermärkte und Bäckereien gehalten. Falls Sie Ihr Brot gerne selbst backen möchten, finden Sie in Kapitel 6 (siehe Seite 202–221) einige wunderbare Brotrezepte.

Ciabatta ist ein außen knuspriges und innen schön lockeres italienisches Weißbrot, das sehr gut zu Minestrone oder Suppen auf Tomatenbasis serviert werden kann.

Fladenbrot enthält kaum oder wenig Hefe und bleibt dadurch flach. Zu dieser Rubrik zählen unter anderem indisches Naan-Brot und Chapatis, orientalisches Pita-Brot sowie Mais- oder Weizenmehltortillas aus Mittelamerika.

Focaccia ist eine Brotspezialität aus Italien. In den Teig werden mit den Fingern Vertiefungen gedrückt und in diese grobkörniges Salz, Rosmarin oder auch Zwiebeln gestreut. Focaccia ist eine tolle Beilage zu italienischen Suppen.

Knoblauchbrot ist ein Baguette, das mit Knoblauchbutter bestrichen und im Ofen geröstet wird. Es schmeckt wunderbar zu mediterranen Suppen und kräftigen Eintöpfen.

Brot aus Sauerteig hat meist einen hohen Roggenmehlanteil und schmeckt dadurch schön würzig. Es kann als Beilage zu den meisten Suppen und Eintöpfen gereicht werden.

Croûtons (siehe Seite 205)

Weißbrot vom Vortag wird in Würfel geschnitten und in Butter oder Öl goldbraun angebraten. Die fertigen Croûtons werden kurz vor dem Servieren auf die Suppenportionen verteilt.

Croûtes

Dies sind Baguettescheiben, die im Ofen geröstet und pur oder mit einer Paste bestrichen zur Suppe serviert werden. Für einfache Croûtes schneiden Sie ein Baguette vom Vortag in Scheiben und legen diese auf ein Backblech. Den Ofen auf 180 °C vorheizen und die Baguettescheiben darin 5 Minuten unter einmaligem Wenden goldbraun rösten.

Für Käse-Croûtes, die Baguettescheiben 1–2 Minuten rösten. Jeweils eine Brotseite mit Butter bestreichen und geriebenen Käse nach Wahl bzw. eine Scheibe Ziegenkäse daraufgeben. In den Ofen geben und so lange backen, bis der Käse zerläuft.

NOTFALLTIPPS

Bei der Suppenzubereitung können einige Probleme auftauchen, egal, ob man Anfänger oder schon Profi ist:

- Die Suppe ist zu dickflüssig: Rühren Sie noch Brühe oder andere Flüssigkeit unter die Suppe.

- Die Suppe ist zu dünnflüssig: Rühren Sie eine zerstampfte gekochte Kartoffel oder ein anderes stärkehaltiges zerstampftes Gemüse unter. Alternativ dazu kann die Suppe auch mit Semmelbröseln, fein geriebenen Nüssen, Speisestärke oder Mehl (siehe dazu Seite 8) gebunden werden.

- Die pürierte Suppe ist noch zu stückig: Die Suppe portionsweise in den Mixer geben und erneut pürieren. Suppen, die stärkehaltiges Gemüse enthalten, sollten nicht zu lange gemixt werden, da sie sonst eine klebrige Konsistenz entwickeln. Passieren Sie diese Suppen besser durch ein Sieb.

- Die Suppe ist zu salzig: Legen Sie zwei rohe, geschälte Kartoffeln in den Topf mit der Suppe, und köcheln Sie diese für weitere 15 Minuten. Die Kartoffeln werden viel von dem Salz aufnehmen und können dann wieder entfernt werden. Alternativ dazu mehr Wasser, Sahne oder Milch unterrühren.

- Die Suppe schmeckt zu fad: Rühren Sie einige Tropfen Essig oder Zitronensaft unter. Das gibt einen frischeren Geschmack.

- Sahne oder Joghurt ist geronnen: Die Suppe war noch zu heiß, als die Milchprodukte zugefügt wurden. Verrühren Sie pro 500 ml Suppe 1 Esslöffel Speisestärke mit 1½ Esslöffel Wasser zu einer dicken Paste, mischen Sie eine Kelle Suppe unter, und rühren Sie dann alles rasch unter die Suppe. Die Suppe für 5 Minuten unter Rühren erhitzen, dann portionsweise kurz in der Küchenmaschine oder im Mixer bearbeiten und durch ein Sieb zurück in den Topf streichen. Die Suppe erwärmen, nochmals gut abschmecken und servieren.

Brühen und Fonds zubereiten

Selbst gemachte Brühen und Fonds schmecken sehr viel besser als Fertigprodukte. Die Art der Zubereitung ist bei den meisten Varianten ähnlich: Die Zutaten werden in Wasser gekocht, bis sie ihr Aroma an die Flüssigkeit abgegeben haben. Die Kochzeit hängt von der Art der Brühe ab.

Tipps

• Geben Sie zu Beginn nur kaltes Wasser zu den Zutaten, und kochen Sie alles langsam auf. Die Zugabe von kochendem Wasser ergibt nur einen trüben Fond.

• Gießen Sie so viel kaltes Wasser zu den Zutaten, dass sie etwa 5 cm hoch bedeckt sind.

• Bringen Sie alles nur langsam zum Kochen, denn nur so kann sich Schaum auf der Oberfläche bilden, der abgeschöpft werden sollte.

• Kochen Sie Brühe oder Fond nicht zu lange stark auf, da sie sonst trüb werden. Am besten alles nur sanft köcheln.

• Fügen Sie Salz nur zu, wenn es im Rezept ausdrücklich erwähnt wird. Werden Brühe und Fond noch eingekocht, könnten sie schnell zu salzig werden. Erst bei der Zubereitung der Suppe sollte dann gut abgeschmeckt werden.

• Wenn Sie das Fett auf Brühen oder Fonds entfernen wollen, sollten Sie diese abkühlen lassen. Das Fett wird dann fest und lässt sich nun leicht abschöpfen.

Aufbewahrung

• Lassen Sie die Brühe nicht im heißen Topf abkühlen. Füllen Sie sie zum Abkühlen in mehrere kleine Behälter um, und lassen Sie sie dann im Kühlschrank auskühlen.

• Kalte Brühe kann in gefriergeeignete Behälter gefüllt und eingefroren werden. Im Kühlschrank hält sich Brühe 4–5 Tage, im Gefrierfach etwa 4–6 Monate.

NÜTZLICHES KÜCHENZUBEHÖR

Suppentopf

Dieser ist schmaler und höher als normale Kochtöpfe, wodurch weniger Flüssigkeit beim Kochen verdunstet. Sehr praktisch sind Suppentöpfe mit 10 Litern Fassungsvermögen, die auch zum Kochen von Pasta verwendet werden können.

Schaumlöffel

Mit ihm können Sie den Schaum, der sich an der Oberfläche der Suppe bildet, abschöpfen.

Küchensieb/Durchschlag

Durch diese werden Suppen passiert, wenn Knochen, Kräuter oder Gemüse entfernt werden sollen. Zur besseren Handhabung sollte das Sieb über einen oder zwei Griffe verfügen und gut auf den Suppentopf passen.

Musselintuch

Mit diesem werden kleinere Teile aus der Suppe entfernt. Legen Sie ein Sieb mit einer doppelten Lage Musselin aus, und platzieren Sie es über einen Topf oder eine Schüssel. Nun kann die Brühe fein passiert werden.

Dunkler Rinderfond

Ergibt etwa 1,2 Liter

1 kg Rinderknochen
1 große Zwiebel
1 große Karotte
2 Selleriestangen
1 Bouquet garni*
1,8 l Wasser

1 Den Backofen auf 200 °C vorheizen. Die Knochen auf ein Backblech legen und 20 Minuten im Ofen rösten. Herausnehmen und abkühlen lassen.

2 In der Zwischenzeit Zwiebel, Karotte und Selleriestangen in Stücke schneiden und beiseitestellen.

3 Die Knochen in Stücke hacken und mit dem Gemüse und Bouquet garni in einen großen Topf geben. Das Wasser zugießen und alles langsam zum Kochen bringen; dabei den an der Oberfläche entstehenden Schaum mit einem Schaumlöffel abschöpfen. Die Hitze reduzieren, den Topf bedecken und alles 2 Stunden köcheln.

4 Den Fond durch ein Sieb in eine Schüssel abgießen und abkühlen lassen. Die Schüssel bedecken und den Fond im Kühlschrank vollständig auskühlen lassen. Nach Belieben das Fett an der Oberfläche abschöpfen.

* Für ein frisches Bouquet garni 1 Stück Knollensellerie, 1–2 Stücke Selleriestange, 2–3 Gewürznelken, 1 Lorbeerblatt, einige schwarze Pfefferkörner, 2–3 frische Petersilienstängel und 1 frischer Thymianzweig in die Mitte eines kleinen Musselintuchs geben und dieses mit einem langen Stück Küchengarn verschließen. Das Ende des Küchengarns kann während des Kochens am Topfgriff befestigt werden, sodass das Bouquet garni einfach wieder aus dem Fond entfernt werden kann.

Hühnerbrühe

Ergibt etwa 2,5 Liter

1 Hähnchen (etwa 1 kg schwer)
3 Karotten
5 Schalotten
1 Zwiebel
1 Porreestange
2 Selleriestangen
1 Knoblauchknolle
4 l Wasser
1 frischer Rosmarinzweig
1 frischer Thymianzweig
2 Lorbeerblätter
1 TL weiße Pfefferkörner
5 Gewürznelken
3 frische Petersilienstängel

1 Das Hähnchen in mehrere große Stücke zerlegen. Karotten, Schalotten, Zwiebel, Porree und Sellerie in Stücke schneiden. Die Knoblauchknolle quer halbieren.

2 Das Wasser in einen großen Topf gießen und die Hühnerstücke zugeben. Langsam zum Kochen bringen; dabei den an der Oberfläche entstehenden Schaum mit einem Schaumlöffel abschöpfen. Gemüse, Knoblauchhälften, Rosmarin, Thymian, Lorbeer, Pfeffer und Nelken zufügen und den Topf abdecken. Die Hitze reduzieren und alles 45 Minuten köcheln.

3 Kurz vor Ende der Garzeit die Petersilie zugeben und den Topf vom Herd nehmen.

4 Die Hühnerstücke aus der Brühe entfernen und nach Belieben für ein anderes Rezept verwenden. Die Brühe durch ein Sieb in eine Schüssel passieren und abkühlen lassen. Die Schüssel abdecken und die Brühe im Kühlschrank vollständig auskühlen lassen. Nach Belieben das Fett an der Oberfläche abschöpfen.

Gemüsebrühe

Ergibt etwa 2,2 Liter

½ Fenchel
1 Porreestange
3 Karotten
2 Selleriestangen
2 Zwiebeln
1 Tomate
1 Knoblauchknolle
2,5 l Wasser
1 frischer Rosmarinzweig
1 Lorbeerblatt
1 TL weiße Pfefferkörner
½ TL Fenchelsamen

1 Den Fenchel in dicke Scheiben schneiden.
2 Porree, Karotten, Sellerie und Zwiebeln in Stücke schneiden. Tomate und Knoblauchknolle quer halbieren.
3 Das Wasser in einen großen Topf gießen und das Gemüse zugeben. Knoblauch, Rosmarin, Lorbeer, Pfefferkörner und Fenchelsamen zufügen und alles langsam zum Kochen bringen. Die Hitze reduzieren und alles 20 Minuten köcheln.
4 Die Brühe durch ein Sieb in eine Schüssel passieren und abkühlen lassen. Die Schüssel bedecken und die Brühe im Kühlschrank auskühlen lassen.

Fischfond

Ergibt etwa 2,5 Liter

1 kg Fischkarkassen (Köpfe, Mittelgräten und Flossen)
3 EL Pflanzenöl
1 Zwiebel, grob gehackt
3 Schalotten, grob gehackt
½ Fenchel, in Stücke geschnitten
3 Selleriestangen, in Stücke geschnitten
1 Knoblauchknolle, horizontal halbiert
10 weiße Pfefferkörner
½ TL Fenchelsamen
20 g Meersalz
2 Lorbeerblätter
250 g Weißwein
50 ml trockener Wermut
1,5 l Wasser
2 Zitronenscheiben
1 frischer Basilikumstängel
1 frischer Thymianzweig

1 Die Kiemen von den Fischköpfen entfernen. Die Karkassen in eine Schüssel geben und 30 Minuten in Wasser einweichen.
2 Das Öl in einem großen Topf erhitzen, Zwiebel, Schalotten und restliches Gemüse darin 5 Minuten weich dünsten. Pfefferkörner, Fenchelsamen, Salz und Lorbeer zufügen.
3 Die Fischkarkassen abgießen, zum Gemüse in den Topf geben und kurz mit anbraten. Mit Wein, Wermut und Wasser ablöschen und alles langsam zum Kochen bringen; dabei den an der Oberfläche entstehenden Schaum mit einem Schaumlöffel abschöpfen.
4 Die Hitze reduzieren und alles 15 Minuten köcheln. Zitronenscheiben, Basilikum und Thymian zugeben und weitere 5 Minuten köcheln.
5 Den Fond durch ein Sieb in eine Schüssel passieren und abkühlen lassen. Die Schüssel abdecken und den Fond im Kühlschrank vollständig auskühlen lassen.

Kapitel 1

Sommerliche Gemüse-suppen

Cremige Tomaten-Basilikum-Suppe

Für 6 Personen

Zutaten

- 25 g Butter
- 1 EL Olivenöl
- 1 Zwiebel, fein gehackt
- 1 Knoblauchzehe, gehackt
- 900 g Eiertomaten, in Würfel geschnitten
- 700 ml Gemüsebrühe
- 125 ml trockener Weißwein
- 2 EL Pesto rosso
- Salz und Pfeffer
- 2 EL frisch gehackte Basilikumblätter, plus etwas mehr zum Garnieren
- 150 g Sahne

1 Die Butter mit dem Öl in einem großen Topf zerlassen. Die Zwiebel zugeben und unter gelegentlichem Rühren 5 Minuten weich dünsten. Knoblauch, Tomaten, Brühe, Wein und Pesto zugeben. Alles gut verrühren und nach Belieben mit Salz und Pfeffer abschmecken. Den Topf halb abdecken und alles 25 Minuten unter gelegentlichem Rühren köcheln, bis die Tomaten zerfallen.

2 Den Topf vom Herd nehmen und etwas abkühlen lassen. Den Inhalt in eine Küchenmaschine oder einen Standmixer gießen, das Basilikum zugeben und alles pürieren; wenn nötig, portionsweise. Die Mischung mit einem Löffel durch ein Sieb in einen sauberen Topf streichen.

3 Etwas von der Sahne zum Garnieren zurückbehalten, den Rest unter die Suppe rühren. Die Suppe wieder erhitzen, aber nicht aufkochen. In vorgewärmte Suppenschälchen schöpfen, jeweils einen Löffel der zurückbehaltenen Sahne spiralförmig einrühren, mit den Basilikumblättern garnieren und servieren.

Minestrone

Für 6 Personen

Zutaten

- 2 EL Olivenöl
- 1 Zwiebel, fein gehackt
- 2 Knoblauchzehen, fein gehackt
- 2 Selleriestangen, gehackt
- ½ kleiner Weißkohl, Strunk entfernt und Blätter fein gehobelt
- 150 ml Rotwein
- 1,7 l Gemüsebrühe
- 50 g Cannellini-Bohnen, über Nacht in Wasser eingeweicht und abgetropft
- 4 Eiertomaten, gehäutet, entkernt und gehackt
- 2 EL Tomatenmark
- 2 TL Zucker
- 2 Karotten, gewürfelt
- 50 g frische Erbsen, gepalt
- 50 g Prinzessbohnen, in Stücke geschnitten
- 50 g Suppennudeln
- 2 EL frisch gehackte gemischte Kräuter
- Salz und Pfeffer
- frisch geriebener Parmesan, zum Servieren

1 Das Öl in einem großen Topf erhitzen. Zwiebel, Knoblauch und Sellerie zufügen und bei geringer Hitze unter Rühren 5–7 Minuten weich dünsten. Den Weißkohl einrühren und alles unter Rühren weitere 5 Minuten dünsten.

2 Die Hitze erhöhen, den Wein zugießen und 2 Minuten einkochen lassen. Mit der Brühe ablöschen, die Cannellini-Bohnen zufügen und alles aufkochen. Die Hitze reduzieren, den Topf abdecken und alles 2½ Stunden sanft köcheln.

3 Tomaten, Tomatenmark, Zucker, Karotten, Erbsen, Prinzessbohnen, Nudeln und Kräuter einrühren und alles mit Salz und Pfeffer würzen. Weitere 25 Minuten köcheln, bis die Nudeln und das Gemüse weich sind.

4 Die Suppe auf vorgewärmte Suppenschalen verteilen und mit Parmesan servieren.

Karottensuppe mit Koriander

Für 6 Personen

Zutaten

- 3 EL Olivenöl
- 1 rote Zwiebel, gehackt
- 1 große Kartoffel, gehackt
- 1 Selleriestange, gehackt
- 500 g Karotten, gehackt
- 1 l Gemüsebrühe
- 15 g Butter
- 2 TL Koriandersamen, zerstoßen, plus etwas mehr zum Garnieren
- 1½ EL frisch gehackter Koriander, plus etwas mehr zum Garnieren
- 250 ml Milch
- Salz und Pfeffer

1 Das Öl in einem großen Topf erhitzen. Die Zwiebel darin bei schwacher Hitze unter gelegentlichem Rühren 5 Minuten glasig dünsten.

2 Kartoffel und Sellerie zugeben und unter Rühren 5 Minuten andünsten. Dann die Karotten zufügen und unter gelegentlichem Rühren 5 Minuten mitbraten. Den Topf abdecken und das Gemüse bei schwacher Hitze unter gelegentlichem Schwenken des Topfes 10 Minuten garen.

3 Die Gemüsebrühe zugießen und aufkochen, dann den Topf abdecken und die Suppe 10 Minuten köcheln, bis das Gemüse weich ist.

4 In der Zwischenzeit die Butter in einem Topf zerlassen. Die Koriandersamen darin unter Rühren 1 Minute braten. Den gehackten Koriander zugeben und unter ständigem Rühren 1 Minute braten, dann sofort vom Herd nehmen.

5 Die Suppe vom Herd nehmen und leicht abkühlen lassen, dann in der Küchenmaschine oder dem Standmixer portionsweise glatt pürieren. Die Suppe wieder in den ausgespülten Topf geben, Koriandermischung und Milch einrühren und mit Salz und Pfeffer abschmecken. Die Suppe erneut erhitzen und in vorgewärmte Schälchen geben. Mit Koriandersamen und gehacktem Koriander garnieren und servieren.

Suppe aus Ofengemüse

Für 6 Personen

Zutaten

- 2 Auberginen
- 4 Tomaten
- 2 rote Paprika
- 2 Zwiebeln mit Schalen
- 2 Knoblauchzehen mit Schalen
- 4 EL Olivenöl
- 1 frischer Oreganozweig
- Salz und Pfeffer
- 1,5 l Hühner- oder Gemüsebrühe
- frisch gehackte Basilikumblätter, zum Garnieren

1 Den Backofen auf 180 °C vorheizen. Die Auberginen mehrmals mit einer Gabel einstechen und zusammen mit Tomaten, Paprika, Zwiebeln und Knoblauchzehen auf ein Backblech legen. Mit 2 Esslöffeln Olivenöl beträufeln und 30 Minuten im Ofen backen. Die Tomaten vom Blech nehmen und das restliche Gemüse weitere 30 Minuten backen, bis es weich ist.

2 Das Gemüse in eine große Schüssel geben, mit Frischhaltefolie bedecken und 3–4 Stunden oder über Nacht abkühlen lassen. Dann die Auberginen halbieren, mit einem Löffel das Fleisch von der Schale lösen und in eine Schüssel geben. Die Tomatenhaut entfernen, die Tomaten halbieren, entkernen und das Fleisch zu den Auberginen geben. Die Haut von den Paprika abziehen; dabei über der Schüssel arbeiten, damit der Saft aufgefangen wird. Stiel und Kerne von den Paprika entfernen und das Fleisch zum restlichen Gemüse in die Schüssel geben. Zwiebeln und Knoblauch aus der Schale lösen und zum Gemüse hinzufügen.

3 Das restliche Öl in einem großen Topf erhitzen. Das Gemüse samt Saft, Oregano, Salz und Pfeffer zufügen und alles unter Rühren 30 Minuten köcheln. Mit der Brühe ablöschen, alles zum Kochen bringen und weitere 30 Minuten köcheln.

4 Den Topf vom Herd nehmen und alles kurz abkühlen lassen. Dann die Suppe portionsweise in die Küchenmaschine oder den Standmixer geben und fein pürieren. Zurück in den ausgespülten Topf geben und kurz erhitzen. Die Suppe auf vorgewärmte Suppenteller verteilen, mit Basilikum garnieren und sofort servieren.

Zucchinisuppe mit Curry

Für 4 Personen

Zutaten

- 10 g Butter
- 1 große Zwiebel, fein gehackt
- 900 g Zucchini, in Scheiben geschnitten
- 450 ml Hühner- oder Gemüsebrühe
- 1 TL Currypulver
- Salz und Pfeffer
- 125 g saure Sahne

1 Die Butter in einem großen Topf bei mittlerer Hitze zerlassen. Die Zwiebel zugeben und 3 Minuten glasig dünsten.

2 Zucchini, Brühe und Currypulver zugeben. Bei Verwendung von ungesalzener Brühe jetzt auch Salz zufügen. Die Suppe aufkochen. Die Hitze reduzieren und mit geschlossenem Deckel 25 Minuten köcheln, bis das Gemüse weich ist. Gelegentlich umrühren.

3 Die Suppe leicht abkühlen lassen, dann portionsweise in der Küchenmaschine oder mit dem Pürierstab glatt pürieren.

4 Die Suppe zurück in den Topf geben, die saure Sahne einrühren und bei geringer Hitze langsam erwärmen, aber nicht aufkochen lassen.

5 Eventuell nachwürzen. In vorgewärmte Suppenteller geben und servieren.

Brunnenkressesuppe

Für 4 Personen

Zutaten

- 2 Bund Brunnenkresse (etwa 200 g), gründlich gewaschen
- 40 g Butter
- 2 Zwiebeln, gehackt
- 250 g Kartoffeln, gewürfelt
- 1,2 l Gemüsebrühe oder Wasser
- Salz und Pfeffer
- frisch geriebene Muskatnuss (nach Belieben)
- 125 g Crème fraîche, zum Servieren

1 Die Blätter der Brunnenkresse von den Stängeln zupfen und beiseitestellen. Die Stängel grob hacken.

2 Die Butter bei mittlerer Hitze in einem großen Topf zerlassen und die Zwiebeln darin 4–5 Minuten glasig dünsten, aber nicht bräunen.

3 Die Kartoffeln zugeben und gut mit den Zwiebeln vermischen. Kressestängel und Brühe hinzugeben.

4 Aufkochen, die Temperatur reduzieren und abgedeckt 15–20 Minuten köcheln, bis die Kartoffeln gar sind.

5 Die Kresseblätter hinzugeben und unter Rühren erhitzen. Die Suppe vom Herd nehmen, in der Küchenmaschine oder dem Standmixer glatt pürieren und zurück in den ausgespülten Topf geben. Wieder erhitzen und mit Salz, Pfeffer und Muskat nach Belieben abschmecken.

6 In vorgewärmte Suppenschalen füllen, mit je 1 Löffel Crème fraîche und nach Belieben mit etwas geriebener Muskatnuss garnieren und servieren.

Salatsuppe mit Rucola

Für 4–6 Personen

Zutaten

- 15 g Butter
- 1 große Zwiebel, halbiert und in Scheiben geschnitten
- 2 Porreestangen, in Ringe geschnitten
- 1,5 l Gemüsebrühe
- 80 g Reis
- 2 Karotten, in dünne Scheiben geschnitten
- 3 Knoblauchzehen
- 1 Lorbeerblatt
- Salz und Pfeffer
- 2 Köpfe grüner Salat, klein geschnitten
- 175 g Sahne
- frisch geriebene Muskatnuss
- 80 g Rucola, fein gehackt, plus einige Blätter zum Garnieren
- knuspriges Brot, zum Servieren

1 Die Butter in einem Topf zerlassen. Zwiebel und Porree zugeben und abgedeckt 3–4 Minuten garen, bis das Gemüse weich wird.

2 Brühe, Reis, Karotten, Knoblauch, Lorbeerblatt und eine große Prise Salz zugeben. Kurz aufkochen. Die Hitze reduzieren und alles mit geschlossenem Deckel 25–30 Minuten garen. Gelegentlich umrühren. Das Lorbeerblatt entfernen.

3 Den Salat in den Topf geben und weitere 10 Minuten köcheln, bis die Salatblätter zusammengefallen sind. Ab und zu umrühren.

4 Die Suppe leicht abkühlen lassen, dann portionsweise in der Küchenmaschine oder mit dem Pürierstab glatt pürieren.

5 Die Suppe wieder in den Topf geben. Etwas Sahne zum Garnieren zurückbehalten, die restliche zur Suppe geben. Etwas Muskat zufügen. Bei geringer Hitze unter gelegentlichem Rühren 5 Minuten gut durchwärmen.

6 Den Rucola zugeben und unter Rühren 2–3 Minuten köcheln, bis die Blätter zusammenfallen. Abschmecken, auf vorgewärmte Teller verteilen, mit Sahne und Rucolablättern garnieren und sofort mit Brot servieren.

Spargelsuppe

Für 6 Personen

Zutaten

- 350 g grüner Spargel
- 700 ml Gemüsebrühe
- 50 g Butter oder Margarine
- 1 Zwiebel, gehackt
- 3 EL Mehl
- ¼ TL gemahlener Koriander
- 1 EL Zitronensaft
- Salz und Pfeffer
- 450 ml Milch
- 4–6 EL Sahne

1 Den Spargel abspülen, putzen und in Stücke schneiden, einige Spitzen zum Garnieren heraussuchen und in etwas Salzwasser 5–10 Minuten garen. Abtropfen lassen und beiseitestellen.

2 Die restlichen Spargelstücke mit der Brühe in einen Topf geben und zum Kochen bringen. Abdecken und 20 Minuten köcheln, bis der Spargel gar ist. Abgießen, die Brühe dabei auffangen.

3 Die Butter in einem kleinen Topf erhitzen. Die Zwiebel zugeben und bei schwacher Hitze glasig dünsten, aber möglichst nicht bräunen. Das Mehl über die Zwiebeln streuen und unter Rühren 1 Minute anschwitzen. Nach und nach die Brühe einrühren und das Ganze aufkochen.

4 2–3 Minuten andicken lassen, dann den gekochten Spargel, Koriander, Zitronensaft, Salz und Pfeffer zugeben. 10 Minuten köcheln. Vom Herd nehmen und leicht abkühlen lassen. In der Küchenmaschine oder im Standmixer glatt pürieren.

5 Die Suppe in einen sauberen Topf geben. Milch und Spargelspitzen zugeben und aufkochen. 2 Minuten köcheln. Die Sahne einrühren, die Suppe noch einmal sanft erhitzen und in vorgewärmten Schälchen servieren.

Mexikanische Gemüsesuppe

Für 4–6 Personen

Zutaten

- 2 EL Pflanzen- oder Olivenöl
- 1 Zwiebel, fein gehackt
- 4 Knoblauchzehen, fein gehackt
- ¼–½ TL gemahlener Kreuzkümmel
- 2–3 TL mildes Chilipulver
- 1 Karotte, in Scheiben geschnitten
- 1 mehlig kochende Kartoffel, gewürfelt
- 350 g frische Tomaten oder Tomaten aus der Dose, gewürfelt
- 1 Zucchini, gewürfelt
- ¼ kleiner Weißkohl, Strunk entfernt und Blätter fein gehobelt
- etwa 1 l Gemüse- oder Hühnerbrühe
- 1 Maiskolben
- 10 lange grüne Bohnen, in mundgerechte Stücke geschnitten
- Salz und Pfeffer
- frisch gehackter Koriander
- grüne Chillies, in Ringe geschnitten, zum Garnieren
- Tortilla-Chips, zum Servieren

1 Das Öl in einem großen Topf erhitzen. Zwiebel und Knoblauchzehen zufügen und weich dünsten. Kreuzkümmel und Chilipulver einrühren und kurz mitdünsten. Karotte, Kartoffel, Tomaten, Zucchini und Weißkohl zugeben und unter Rühren 2 Minuten mitbraten.

2 Mit der Brühe ablöschen, den Topf abdecken und alles bei mittlerer Hitze etwa 20 Minuten köcheln, bis das Gemüse gar ist.

3 Die Hüllblätter und Narbenfäden von den Maiskolben abziehen und die Körner mit einem scharfen Messer vom Kolben schneiden. Mais und Bohnen in die Suppe rühren und nach Bedarf etwas Wasser zufügen. Etwa 5–10 Minuten köcheln, bis die Bohnen gar sind. Mit Salz und Pfeffer abschmecken.

4 Die Suppe auf vorgewärmte Suppenteller verteilen und mit dem Koriander bestreuen. Mit Chiliringen garnieren und sofort mit Tortilla-Chips servieren.

Erbsensuppe nach Gärtnerinnenart

Für 4 Personen

Zutaten
- 600 ml Gemüsebrühe
- 450 g frische Erbsen, gepalt
- 1 Prise Zucker
- Salz und Pfeffer
- 125 g Sahne, plus etwas mehr zum Servieren
- 4 knusprige Brötchen, zum Servieren

1 Die Brühe in einem Topf aufkochen. Die Erbsen zufügen und 5 Minuten garen.

2 Den Topf vom Herd nehmen und die Suppe mit Zucker, Salz und Pfeffer würzen. In eine Küchenmaschine oder einen Standmixer geben und glatt pürieren.

3 Zurück in den Topf geben, die Sahne unterrühren und noch einmal kurz erhitzen.

4 Nach Belieben nachwürzen und auf 4 vorgewärmte Suppenschalen verteilen. Je 1 Teelöffel Sahne auf den Suppenportionen verteilen und mit den Brötchen servieren.

Grüne Gemüsesuppe

Für 6 Personen

Zutaten

- 1,5 l Gemüsebrühe
- 3 EL Olivenöl
- 2 Porreestangen, nur die weißen Teile, in dünne Ringe geschnitten
- 2 EL Mehl
- Salz und Pfeffer
- 1 TL getrockneter Thymian
- ½ TL Fenchelsamen
- 1 Kopfsalat, grob gehackt
- 500 g Spinat, grobe Stängel entfernt
- 280 g Erbsen, Tiefkühlware aufgetaut
- 1 Bund Brunnenkresse oder Rucola
- 4 EL frisch gehackte Minze
- 2 EL frisch gehackte Petersilie, zum Garnieren
- Knoblauchbrot, zum Servieren

1 Die Gemüsebrühe in einem Topf aufkochen. Währenddessen das Öl in einem großen Topf erhitzen und den Porree darin bei schwacher Hitze unter Rühren 5 Minuten andünsten, dann den Topf vom Herd nehmen.

2 Das Mehl gründlich untermengen, dann nach und nach die heiße Brühe einrühren. Mit Salz und Pfeffer abschmecken, dann Thymian und Fenchelsamen zugeben.

3 Den Topf wieder auf den Herd stellen und die Suppe unter Rühren aufkochen. Salat, Spinat, Erbsen, Brunnenkresse und Minze zufügen und alles wieder aufkochen. Unter Rühren 3–4 Minuten kochen, dann die Hitze reduzieren und die Suppe 30 Minuten sanft köcheln.

4 Den Topf vom Herd nehmen und leicht abkühlen lassen. Portionsweise in einer Küchenmaschine oder einem Standmixer sämig pürieren, wieder in den ausgespülten Topf geben und unter Rühren erhitzen.

5 Die heiße Suppe in vorgewärmte Schalen geben, mit der Petersilie bestreuen und mit Knoblauchbrot servieren.

Gemüsesuppe mit Pistou

Für 4 Personen

Zutaten
- 1 l Wasser
- 1 Bouquet garni
- 2 Selleriestangen, gehackt
- 3 kleine Porreestangen, gehackt
- 4 kleine Karotten, gehackt
- 150 g junge Kartoffeln, in mundgerechte Stücke geschnitten
- 4 EL frische dicke Bohnen oder Erbsen, gepalt
- 175 g Cannellini-Bohnen aus der Dose, abgegossen, abgespült und abgetropft
- 3 Pak Choi
- 150 g Rucola
- Salz und Pfeffer

Pistou
- 2 große Handvoll Basilikumblätter
- 1 frische grüne Chili, entkernt
- 2 Knoblauchzehen
- 4 EL Olivenöl
- 1 TL frisch geriebener Parmesan

1 Wasser, Bouquet garni, Sellerie, Porree, Karotten und Kartoffeln in einen großen Topf geben und zum Kochen bringen. Die Hitze reduzieren und alles 10 Minuten köcheln.

2 Dicke und Cannellini-Bohnen zufügen und weitere 10 Minuten köcheln. Dann Pak Choi und Rucola einrühren, alles mit Salz und Pfeffer würzen und weitere 2–3 Minuten köcheln. Das Bouquet garni entfernen.

3 Für das Pistou Basilikum, Chili, Knoblauchzehen und Öl in der Küchenmaschine oder dem Standmixer zu einer Paste verarbeiten. Dann den Parmesan einrühren.

4 Zwei Drittel des Pistou unter die Suppe rühren und diese auf Suppenschalen verteilen. Mit dem restlichen Pistou garnieren und sofort servieren.

Spinatsuppe mit Ingwer

Für 4 Personen

Zutaten

- 2 EL Sonnenblumenöl
- 1 Zwiebel, gehackt
- 2 Knoblauchzehen, fein gehackt
- 2 TL fein gehackte Ingwerwurzel
- 250 g Babyspinat
- 1 kleiner Zitronengrasstängel, fein gehackt
- 1 l Hühner- oder Gemüsebrühe
- 250 g Kartoffeln, gewürfelt
- 1 EL Reiswein oder Sherry
- Salz und Pfeffer
- 1 TL Sesamöl

1 Das Öl in einem Topf erhitzen. Zwiebel, Knoblauch und Ingwer zugeben und 3–4 Minuten andünsten.

2 Für die Garnierung einige Spinatblätter beiseitelegen. Die restlichen Blätter mit dem Zitronengras in den Topf geben und rühren, bis der Spinat zusammenfällt. Brühe und Kartoffeln zugeben und zum Kochen bringen. Die Hitze reduzieren, den Topf abdecken und alles 10 Minuten köcheln, bis das Gemüse weich ist.

3 Die Suppe in eine Küchenmaschine oder einen Standmixer geben und glatt pürieren.

4 Zurück in den Topf gießen. Den Reiswein zugeben, mit Salz und Pfeffer abschmecken und durchwärmen, aber nicht mehr kochen.

5 Die Suppe auf vorgewärmte Suppenschalen verteilen und mit den beiseitegelegten Spinatblättern garnieren. Mit dem Sesamöl beträufeln und sofort heiß servieren.

Maiseintopf

Für 6 Personen

Zutaten

- 150 g durchwachsener Speck, klein gewürfelt
- 25 g Butter
- 1 große Zwiebel, gehackt
- 1 Lorbeerblatt
- 5 frische Maiskolben oder 625 g Maiskörner, Tiefkühlware aufgetaut
- 500 ml Milch
- 2 große Knoblauchzehen, fein gehackt
- 2 mehlig kochende Kartoffeln, klein gewürfelt
- 500 ml Hühnerbrühe
- 1 Prise Cayennepfeffer
- Salz und Pfeffer
- 100 g Sahne
- 3 EL frisch gehackter Koriander oder glatte Petersilie, zum Garnieren

1 Den Speck in einem großen Topf etwa 5 Minuten anbraten, bis er leicht knusprig ist. Die Butter zufügen und zerlassen, dann Zwiebel und Lorbeerblatt einrühren. Den Topf abdecken und alles unter gelegentlichem Rühren etwa 7–8 Minuten dünsten, bis die Zwiebel weich, aber noch nicht angebräunt ist.

2 In der Zwischenzeit die Hüllblätter und Narbenfäden von den Maiskolben abziehen und mit einem scharfen Messer die Körner abschneiden. Zwei Drittel der Maiskörner zusammen mit der Milch in die Küchenmaschine oder den Standmixer geben und fein pürieren. Dann das Püree durch ein feines Haarsieb in eine Schüssel passieren. Die im Sieb zurückbleibenden festen Bestandteile wegwerfen, die Flüssigkeit in der Schüssel beiseitestellen.

3 Knoblauch, Kartoffeln, ein wenig Hühnerbrühe und Cayennepfeffer zu der Speck-Zwiebel-Mischung in den Topf geben und gut verrühren. Mit Salz und Pfeffer würzen, den Topf abdecken und alles 5 Minuten köcheln.

4 Mit der restlichen Hühnerbrühe ablöschen. Das flüssige Maispüree einrühren und alles zum Kochen bringen. Die Hitze reduzieren, den Topf halb abdecken und alles weitere 5 Minuten köcheln.

5 Die restlichen Maiskörner einrühren und das Ganze weitere 5 Minuten köcheln. Die Sahne zufügen, alles gut verrühren und mit Salz und Pfeffer abschmecken. Den Eintopf auf Servierteller verteilen, mit dem Koriander garnieren und sofort servieren.

Gazpacho

Für 4 Personen

Zutaten

- 250 g trockene Weißbrotscheiben ohne Kruste
- 700 g Tomaten, gehäutet und fein gehackt
- 3 Knoblauchzehen, grob gehackt
- 2 rote Paprika, grob gehackt
- 1 Salatgurke, geschält, entkernt und grob gehackt
- 5 EL natives Olivenöl extra
- 5 EL Rotweinessig
- 1 EL Tomatenmark
- 850 ml Wasser
- Salz und Pfeffer
- 4 Eiswürfel, zum Servieren

1 Das Brot in Stücke reißen, in der Küchenmaschine oder im Standmixer zu Semmelbröseln zerkleinern und in eine große Schüssel geben. Tomaten, Knoblauch, Paprika, Gurke, Olivenöl, Essig und Tomatenmark dazugeben und alles gut vermischen.

2 Die Tomatenmischung in mehreren Portionen mit jeweils der gleichen Menge Wasser in der Küchenmaschine oder im Standmixer pürieren. In eine saubere Schüssel geben, gut durchrühren und mit Salz und Pfeffer abschmecken. Mit Frischhaltefolie abgedeckt mindestens 2 Stunden, aber höchstens 12 Stunden kalt stellen.

3 Die Suppe zum Servieren in gekühlte Suppenschalen füllen und jeweils einen Eiswürfel hineingeben.

Kalte Dicke-Bohnen-Suppe

Für 6 Personen

Zutaten

- 850 ml Gemüsebrühe
- 650 g frische, sehr junge dicke Bohnen
- 3 EL Zitronensaft
- 2 EL frisch gehacktes Bohnenkraut
- Salz und Pfeffer
- 6 EL griechischer Joghurt, zum Garnieren
- frische Minzeblätter oder Majoranblüten, zum Garnieren

1 Die Gemüsebrühe in einem großen Topf aufkochen. Die Hitze reduzieren, die Bohnen zugeben und etwa 7 Minuten köcheln, bis sie gar sind.

2 Vom Herd nehmen und leicht abkühlen lassen. Die Suppe portionsweise in der Küchenmaschine oder im Standmixer pürieren, dann durch ein Sieb in eine Schüssel streichen.

3 Zitronensaft und Bohnenkraut in die Suppe rühren und alles mit Salz und Pfeffer abschmecken. Vollständig abkühlen lassen, mit Frischhaltefolie abdecken und mindestens 3 Stunden in den Kühlschrank stellen.

4 Die Suppe vor dem Servieren gut durchrühren und bei Bedarf erneut abschmecken. In 6 gekühlte Schalen füllen, je 1 Esslöffel Joghurt daraufgeben und mit frischer Minze garnieren.

Kalte Avocadosuppe

Für 4 Personen

Zutaten

- 1 EL Zitronensaft
- 2 vollreife Avocados
- 1 EL frische Schnittlauchröllchen, plus etwas mehr zum Garnieren
- 1 EL frisch gehackte glatte Petersilie
- 450 ml kalte Hühnerbrühe
- 300 g Sahne, plus etwas mehr zum Garnieren
- 1 Spritzer Worcestersauce
- Salz und Pfeffer

1 Den Zitronensaft in einen Standmixer oder eine Küchenmaschine geben. Die Avocados halbieren, schälen und entkernen. Das Fruchtfleisch zerkleinern.

2 Avocadofleisch, Schnittlauch, Petersilie, Brühe, Sahne und Worcestersauce in der Küchenmaschine oder dem Standmixer glatt pürieren.

3 In eine Schüssel geben und mit Salz und Pfeffer abschmecken. Mit Frischhaltefolie abdecken und mindestens 30 Minuten in den Kühlschrank stellen.

4 Die Suppe zum Servieren in gekühlte Suppenschalen füllen, mit einer Spirale aus Sahne und Schnittlauchröllchen garnieren.

Kapitel 2
Winterliche Gemüse-suppen

Porree-Kartoffel-Suppe

Für 4–6 Personen

Zutaten
- 50 g Butter
- 1 Zwiebel, gehackt
- 3 Porreestangen, in Scheiben geschnitten
- 250 g Kartoffeln, in 2 cm dicke Würfel geschnitten
- 850 ml Gemüsebrühe
- Salz und Pfeffer
- 150 g Sahne, zum Garnieren (nach Belieben)
- 2 EL frische Schnittlauchröllchen, zum Garnieren

1 Die Butter bei schwacher Hitze in einem großen Topf zerlassen und Zwiebel, Porree und Kartoffeln darin 2–3 Minuten andünsten. Die Brühe zugießen, aufkochen, die Temperatur reduzieren und das Ganze abgedeckt 15 Minuten köcheln.

2 Die Suppe in der Küchenmaschine oder im Standmixer glatt pürieren und zurück in den ausgespülten Topf geben.

3 Die Suppe erhitzen, mit Salz und Pfeffer abschmecken und in vorgewärmte Suppenschalen geben. Nach Belieben mit Sahne und Schnittlauch garniert servieren.

Französische Zwiebelsuppe

Für 6 Personen

Zutaten
- 1 EL Olivenöl
- 25 g Butter
- 4–5 Zwiebeln, etwa 650 g, in dünne Ringe geschnitten
- 3 Knoblauchzehen, fein gehackt
- 1 TL Zucker
- Salz und Pfeffer
- 2 l Gemüsebrühe
- 2 EL Mehl
- 150 ml trockener weißer Wermut
- 3 EL Weinbrand

Käse-Croûtes
- 6 Scheiben Baguette
- 1 Knoblauchzehe, halbiert
- 250 g Gruyère, gerieben

1 Öl und Butter in einem großen Topf erhitzen. Zwiebeln, Knoblauch, Zucker und 1 Teelöffel Salz zugeben und verrühren. Abdecken und bei schwacher Hitze unter gelegentlichem Rühren 20–30 Minuten dünsten, bis die Zwiebeln goldbraun sind.

2 In der Zwischenzeit die Gemüsebrühe in einem zweiten Topf zum Kochen bringen. Das Mehl über die angebratenen Zwiebeln streuen und unter ständigem Rühren 3 Minuten anschwitzen. Mit Wermut ablöschen und unter Rühren 2 Minuten garen, bis der Alkohol verkocht ist. Dann nach und nach die Brühe zugießen und aufkochen. Den sich bildenden Schaum von der Oberfläche abschöpfen. Die Hitze reduzieren, den Topf abdecken und die Suppe 40 Minuten köcheln.

3 In der Zwischenzeit für die Croûtes den Backofengrill vorheizen und die Brotscheiben darin von beiden Seiten rösten. Jeweils eine Brotseite mit dem Knoblauch einreiben und mit dem Käse bestreuen, dann unter dem Grill goldbraun überbacken.

4 Den Weinbrand in die Suppe rühren, den Topf vom Herd nehmen und die Suppe abschmecken. In vorgewärmte Schalen geben, mit den Käse-Croûtes garnieren und sofort servieren.

Topinambursuppe

Für 6 Personen

Zutaten
- 1 EL Zitronensaft
- 700 g Topinambur
- 50 g Butter
- 1 EL Sonnenblumenöl
- 1 große Zwiebel, gehackt
- 1,3 l Gemüsebrühe
- 175 ml Milch
- 1 EL Schnittlauchröllchen
- 100 g Sahne
- Salz und Pfeffer
- Croûtons, zum Servieren
- natives Olivenöl extra, zum Beträufeln

1 Eine Schüssel mit Wasser füllen und den Zitronensaft einrühren. Die Topinambur schälen, in Stücke schneiden und sofort ins Zitronenwasser legen, damit er nicht braun wird.

2 Butter und Öl in einem großen Topf erhitzen und die Zwiebel darin bei schwacher Hitze unter gelegentlichem Rühren 5 Minuten glasig dünsten. Den Topinambur abtropfen lassen, zu den Zwiebeln geben und alles gut vermengen. Den Topf abdecken und das Gemüse unter gelegentlichem Rühren 15 Minuten dünsten.

3 Gemüsebrühe und Milch zugießen und bei mittlerer Hitze aufkochen. Die Hitze reduzieren und die Suppe abgedeckt etwa 20 Minuten köcheln, bis die Topinambur weich sind.

4 Vom Herd nehmen und leicht abkühlen lassen. Den Schnittlauch zugeben und die Suppe portionsweise in der Küchenmaschine oder im Standmixer glatt pürieren.

5 Die Suppe wieder in den ausgespülten Topf geben, die Sahne unterrühren und alles mit Salz und Pfeffer abschmecken. Die Suppe unter gelegentlichem Rühren sanft erhitzen, aber nicht mehr aufkochen. In vorgewärmte Suppenschalen füllen und die Croûtons darüberstreuen. Mit Olivenöl beträufeln und sofort servieren.

Pastinakensuppe mit Ingwer & Orange

Für 6 Personen

Zutaten

- 2 TL Olivenöl
- 1 große Zwiebel, gehackt
- 1 große Porreestange, in Ringe geschnitten
- 2 Karotten, in Scheiben geschnitten
- 800 g Pastinaken, in Scheiben geschnitten
- 4 EL frisch geriebene Ingwerwurzel
- 2–3 Knoblauchzehen, gehackt
- abgeriebene Schale von ½ unbehandelten Orange
- 1,5 l Wasser
- Salz und Pfeffer
- 250 ml Orangensaft
- Schnittlauchröllchen oder Frühlingszwiebelringe, zum Garnieren

1 Das Öl bei mittlerer Hitze in einem großen Topf erwärmen. Zwiebel und Porree zugeben und etwa 5 Minuten unter gelegentlichem Rühren weich dünsten.

2 Karotten, Pastinaken, Ingwer, Knoblauch, Orangenschale, Wasser und eine große Prise Salz zugeben. Kurz aufkochen. Die Hitze reduzieren und mit geschlossenem Deckel 40 Minuten unter gelegentlichem Rühren leicht kochen, bis das Gemüse weich ist.

3 Die Suppe etwas abkühlen lassen, dann portionsweise in der Küchenmaschine, im Standmixer oder mit dem Pürierstab glatt pürieren.

4 Die Suppe zurück in den Topf geben, den Orangensaft einrühren. Ist die Suppe zu dickflüssig, die Saftmenge erhöhen. Mit Salz und Pfeffer abschmecken.

5 Bei geringer Hitze etwa 10 Minuten sanft köcheln. In vorgewärmte Suppenschalen füllen, mit Schnittlauch oder Frühlingszwiebeln garnieren und servieren.

Brokkoli-Roquefort-Suppe

Für 6 Personen

Zutaten

- 40 g Butter
- 2 weiße Zwiebeln, gehackt
- 1 große Kartoffel, gehackt
- 750 g Brokkoli, in Röschen zerteilt
- 1,5 l Gemüsebrühe
- Salz und Pfeffer
- 150 g Roquefort, gewürfelt
- 1 Prise gemahlene Muskatblüte
- Croûtons, zum Servieren

1 Die Butter in einem großen Topf zerlassen. Zwiebeln und Kartoffel darin abgedeckt bei schwacher Hitze 7 Minuten unter gelegentlichem Rühren andünsten. Den Brokkoli zugeben, den Topf wieder abdecken und das Gemüse weitere 5 Minuten dünsten.

2 Die Gemüsebrühe zugießen und bei mittlerer Hitze aufkochen. Die Hitze reduzieren, die Suppe mit Salz und Pfeffer würzen und abgedeckt 15–20 Minuten köcheln, bis das Gemüse zart ist.

3 Den Topf vom Herd nehmen, die Brühe in eine Schüssel abseihen, das Gemüse beiseitestellen und leicht abkühlen lassen. Dann das Gemüse mit einem Schöpflöffel Brühe in der Küchenmaschine oder dem Standmixer glatt pürieren. Nach und nach bei laufendem Motor die restliche Brühe zugeben.

4 Die Suppe wieder in den ausgespülten Topf geben und sanft erhitzen, aber nicht aufkochen. Den Topf vom Herd nehmen und den Käse gründlich einrühren, bis er geschmolzen und gleichmäßig verteilt ist.

5 Die Muskatblüte unterrühren und die Suppe abschmecken. In vorgewärmte Schalen geben, mit Croûtons bestreuen und sofort servieren.

Winterliche Gemüsesuppe

Für 6 Personen

Zutaten

- 2 EL Pflanzenöl
- 1 große Zwiebel, in dicke Ringe geschnitten
- 1 große Kartoffel, gewürfelt
- 3 Selleriestangen, in dicke Scheiben geschnitten
- 4 Karotten, in Scheiben geschnitten
- 175 g Steckrüben, gewürfelt
- 4 große Knoblauchzehen
- Salz und Pfeffer
- 1,5 l Hühner- oder Gemüsebrühe
- 250 g gehackte Tomaten aus der Dose
- 1 Porreestange, längs halbiert und in Scheiben geschnitten
- 2 EL frisch gehackte glatte Petersilie, zum Garnieren
- geriebener Emmentaler oder Gouda, zum Garnieren

1 Das Öl in einem großen Topf bei mittlerer Hitze erwärmen. Zwiebel, Kartoffel, Sellerie, Karotten, Steckrüben und Knoblauchzehen zugeben. Mit Salz und Pfeffer würzen und alles unter gelegentlichem Rühren 10 Minuten dünsten.

2 Die Brühe zugießen, die Tomaten zufügen und das Ganze zum Kochen bringen. Die Hitze reduzieren, den Topf halb abdecken und alles 30 Minuten köcheln. Den Porree einrühren und weitere 5 Minuten kochen.

3 Die Suppe mit Salz und Pfeffer abschmecken und auf Suppenschalen verteilen. Mit Petersilie und Käse garnieren und sofort servieren.

Süßkartoffelsuppe mit Apfel & Porree

Für 6 Personen

Zutaten

- 15 g Butter
- 3 Porreestangen, in feine Ringe geschnitten
- 1 große Karotte, in dünne Scheiben geschnitten
- 600 g Süßkartoffeln, geschält und gewürfelt
- 2 große Kochäpfel, geschält, entkernt und gewürfelt
- 1,2 l Wasser
- Salz und Pfeffer
- frisch geriebene Muskatnuss
- 250 ml Apfelsaft
- 250 g Sahne
- frisch gehackter Koriander, zum Garnieren

1 Die Butter in einem großen Topf bei mittlerer Hitze zerlassen. Den Porree zugeben, den Deckel auflegen und das Gemüse 6–8 Minuten unter gelegentlichem Rühren weich dünsten.

2 Karotte, Süßkartoffeln, Äpfel und Wasser zugeben. Mit Salz, Pfeffer und Muskat würzen und aufkochen. Die Hitze reduzieren und das Ganze mit geschlossenem Deckel 20 Minuten köcheln, bis das Gemüse weich ist. Gelegentlich umrühren.

3 Die Suppe etwas abkühlen lassen, dann portionsweise in der Küchenmaschine, im Standmixer oder mit dem Pürierstab glatt pürieren.

4 Die Suppe zurück in den Topf geben, den Apfelsaft einrühren und alles bei geringer Hitze etwa 10 Minuten erwärmen.

5 Die Sahne zugießen und weitere 5 Minuten sanft köcheln. Erneut abschmecken.

6 Auf vorgewärmte Teller geben, mit Koriander garnieren und servieren.

Blumenkohlsuppe

Für 6 Personen

Zutaten

- 1 EL Olivenöl
- 25 g Butter
- 1 große Zwiebel, grob gehackt
- 2 Porreestangen, in Ringe geschnitten
- 1 großer Blumenkohl
- 900 ml Gemüsebrühe
- Salz und Pfeffer
- fein geriebener Cheddar oder Gouda
- natives Olivenöl extra, zum Garnieren

1 Öl und Butter in einem großen Topf erhitzen. Zwiebel und Porree darin 10 Minuten unter Rühren glasig dünsten, aber nicht bräunen.

2 Den Blumenkohl in Röschen teilen und den Strunk würfeln. In den Topf geben und 2–3 Minuten sautieren.

3 Die Brühe zugeben und alles zum Kochen bringen. Die Suppe abgedeckt 20 Minuten bei mittlerer Hitze kochen.

4 In der Küchenmaschine oder im Standmixer glatt pürieren. Die Suppe zurück in den ausgespülten Topf geben.

5 Die Suppe wieder erhitzen, mit Salz und Pfeffer abschmecken und in vorgewärmte Suppenschalen geben. Mit etwas Käse bestreuen, mit Olivenöl beträufeln und sofort servieren.

Champignoncremesuppe mit Estragon

Für 4–6 Personen

Zutaten
- 50 g Butter
- 1 Zwiebel, fein gewürfelt
- 700 g kleine Champignons, grob gehackt
- 850 ml Gemüsebrühe
- 3 EL frisch gehackter Estragon, plus etwas mehr zum Garnieren
- 150 g Crème fraîche
- Salz und Pfeffer

1 Die Hälfte der Butter in einem großen Topf zerlassen und die Zwiebel darin bei schwacher Hitze 10 Minuten glasig dünsten. Die restliche Butter und die Champignons hinzugeben und weitere 5 Minuten garen, bis die Pilze bräunen.

2 Brühe und Estragon hinzugeben und aufkochen, dann die Temperatur reduzieren und das Ganze 20 Minuten sanft köcheln. In der Küchenmaschine oder im Standmixer glatt pürieren.

3 Die Suppe wieder in den ausgespülten Topf geben. Die Crème fraîche einrühren und mit Salz und Pfeffer abschmecken. Die Suppe sanft wieder erhitzen.

4 In vorgewärmte Suppenschalen füllen und sofort mit gehacktem Estragon garniert servieren.

Knoblauch-Kürbis-Suppe

Für 6 Personen

Zutaten

- 2 Knoblauchknollen
- 4 EL Olivenöl, plus etwas mehr zum Beträufeln
- Salz und Pfeffer
- 900 g Hokkaido- oder Butternut-Kürbis
- 2 EL frische Thymianblätter, plus etwas mehr zum Garnieren
- 25 g Butter
- 1 große Zwiebel, fein gehackt
- 1 EL Mehl
- 1,2 l Hühnerbrühe
- 100 g Crème fraîche

1 Den Backofen auf 190 °C vorheizen. Die Knoblauchknollen auf je ein Stück Alufolie setzen, das groß genug ist, um die Knolle ganz darin einzuschlagen. Mit je ½ Esslöffel Olivenöl beträufeln, mit Salz und Pfeffer würzen und in die Folien einschlagen. Die Knoblauchpäckchen in einen großen Bräter setzen. Den Kürbis schälen, entkernen und in große Stücke schneiden. Mit dem restlichen Olivenöl, etwas Salz und Pfeffer sowie der Hälfte des Thymians vermengen. In einer Schicht ebenfalls im Bräter verteilen. Im Ofen etwa 1 Stunde backen.

2 Währenddessen die Butter in einem großen Topf bei mittlerer Hitze zerlassen. Die Zwiebel darin unter gelegentlichem Rühren weich dünsten. Das Mehl einstreuen und unter Rühren 2 Minuten anschwitzen. Dann die Brühe nach und nach unterrühren.

3 Wenn der Kürbis gebräunt ist, aus dem Ofen nehmen, in die Brühemischung geben und 10 Minuten mitköcheln.

4 Die Knoblauchpäckchen öffnen und etwas abkühlen lassen. Die Knollen in Zehen zerteilen, diese auf ein Schneidebrett legen. Mit der flachen Seite einer Messerklinge die Zehen aus den Schalen drücken.

5 Den Topf vom Herd nehmen. Knoblauch und restlichen Thymian hinzufügen und in der Küchenmaschine oder dem Standmixer portionsweise glatt pürieren.

6 In vorgewärmte Suppentassen füllen und je 1 Esslöffel Crème fraîche daraufgeben. Mit etwas Öl beträufeln und mit Thymian bestreuen. Sofort servieren.

Selleriesuppe mit Gruyère

Für 4 Personen

Zutaten
- 25 g Butter
- 1 Zwiebel, fein gehackt
- 4 große Selleriestangen, fein gehackt
- 1 große Karotte, fein gehackt
- Salz und Pfeffer
- 1 l Hühner- oder Gemüsebrühe
- 3–4 frische Thymianzweige
- 1 Lorbeerblatt
- 125 g Sahne
- 150 g Gruyère, gerieben
- frisch geriebene Muskatnuss
- Sellerieblätter, zum Garnieren

1 Die Butter in einem großen Topf bei mittlerer Hitze zerlassen. Die Zwiebel zugeben und 3–4 Minuten andünsten, bis sie weich wird. Dabei gelegentlich umrühren. Sellerie und Karotte zugeben und weitere 3 Minuten dünsten. Mit etwas Salz und Pfeffer würzen.

2 Brühe, Thymian und Lorbeerblatt zufügen und aufkochen. Hitze reduzieren und mit geschlossenem Deckel 25 Minuten köcheln, bis das Gemüse weich ist. Ab und zu umrühren.

3 Die Suppe leicht abkühlen lassen, dann portionsweise in der Küchenmaschine, im Standmixer oder mit dem Pürierstab glatt pürieren.

4 Die Suppe zurück in den Topf geben, die Sahne einrühren. Bei geringer Hitze unter gelegentlichem Rühren 5 Minuten langsam erwärmen.

5 Den Gruyère nach und nach zugeben, dabei ständig rühren. Die Suppe nicht mehr kochen. Mit etwas Muskat und reichlich Pfeffer abschmecken.

6 Auf vorgewärmte Teller füllen, mit Sellerieblättern garnieren und servieren.

Kartoffelsuppe mit Pesto

Für 4 Personen

Zutaten
- 3 Scheiben Speck, klein gewürfelt
- 2 EL Olivenöl
- 450 g mehlig kochende Kartoffeln, klein gewürfelt
- 450 g Zwiebeln, fein gehackt
- 600 ml Hühnerbrühe
- 600 ml Milch
- 100 g Conchigliette (kleine Muschelnudeln)
- 150 g Sahne
- 2 EL frisch gehackte glatte Petersilie
- Salz und Pfeffer
- frisch geriebener Parmesan, zum Servieren

Pesto
- 50 g frische Blätter glatter Petersilie
- 2 Knoblauchzehen, gehackt
- 50 g Pinienkerne
- 2 EL frisch gehackte Basilikumblätter
- 50 g frisch geriebener Parmesan
- 160 ml Olivenöl

1 Für das Pesto alle Zutaten in der Küchenmaschine oder im Standmixer 2 Minuten zu einer Paste verarbeiten oder von Hand mit Mörser und Stößel zerreiben.

2 Den Speck in einem großen Topf bei mittlerer Hitze 4 Minuten auslassen. Öl, Kartoffeln und Zwiebeln zugeben und alles unter Rühren 12 Minuten garen.

3 Mit Brühe und Milch ablöschen. Zum Kochen bringen und 10 Minuten köcheln. Die Pasta zufügen und weitere 3–4 Minuten kochen.

4 Die Sahne unterrühren und 5 Minuten köcheln. Die gehackte Petersilie und 2 Esslöffel Pesto unterrühren. Mit Salz und Pfeffer abschmecken. Die Suppe in vorgewärmte Suppenteller füllen und mit Parmesan servieren. Das übrige Pesto dazu reichen.

Maronen-Pancetta-Suppe

Für 4–6 Personen

Zutaten

- 3 EL Olivenöl
- 175 g Pancetta, in Streifen geschnitten
- 2 Zwiebeln, fein gehackt
- 2 Karotten, fein gewürfelt
- 2 Selleriestangen, fein gehackt
- 350 g getrocknete Maronen, über Nacht in Wasser eingeweicht
- 2 Knoblauchzehen, fein gehackt
- 1 EL frisch gehackter Rosmarin
- 1 l Hühnerbrühe
- Salz und Pfeffer
- natives Olivenöl extra, zum Beträufeln

1 Das Öl in einem großen Topf bei mittlerer Hitze erwärmen. Den Pancetta zufügen und unter Rühren 2–3 Minuten anbräunen.

2 Zwiebeln, Karotten und Sellerie zugeben und unter Rühren etwa 10 Minuten weich dünsten.

3 Die Maronen abgießen und zusammen mit Knoblauch und Rosmarin in den Topf geben. Die Brühe zugießen, zum Kochen bringen und 30–35 Minuten köcheln, bis die Maronen weich werden und anfangen zu zerfallen.

4 Die Suppe mit Salz und Pfeffer abschmecken und auf Teller verteilen. Mit etwas Olivenöl beträufeln und sofort servieren.

Pilzsuppe mit Sherry

Für 4 Personen

Zutaten

- 50 g Butter
- 2 Knoblauchzehen, gehackt
- 3 Zwiebeln, in Ringe geschnitten
- 450 g gemischte weiße und braune Champignons
- 100 g frische Steinpilze, in Scheiben geschnitten
- 3 EL frisch gehackte Petersilie, plus etwas mehr zum Garnieren
- 500 ml Gemüsebrühe
- Salz und Pfeffer
- 3 EL Mehl
- 125 ml Milch
- 2 EL Sherry
- 125 g saure Sahne

1 Die Butter bei geringer Hitze in einem großen Topf zerlassen. Knoblauch und Zwiebeln zugeben und 3 Minuten unter Rühren weich dünsten. Die Pilze zufügen und weitere 5 Minuten dünsten.

2 Die Petersilie untermischen. Mit der Brühe ablöschen und mit Salz und Pfeffer abschmecken. Zum Kochen bringen, dann die Hitze reduzieren und alles abgedeckt 20 Minuten leicht kochen.

3 Das Mehl mit etwas Milch zu einer glatten Paste anrühren. Die Mischung in die Suppe gießen und diese 5 Minuten unter Rühren etwas andicken. Restliche Milch und Sherry zugießen und weitere 5 Minuten köcheln. Den Topf vom Herd nehmen und die saure Sahne unterrühren.

4 Auf vorgewärmte Suppenschalen verteilen, mit Petersilie garnieren und sofort servieren.

Curry-Gemüse-Suppe

Für 4 Personen

Zutaten

- 40 g Butter
- 2 Zwiebeln, gehackt
- 2 Knoblauchzehen, fein gehackt
- 1½ TL gemahlener Kreuzkümmel
- 1 TL gemahlener Koriander
- 1 Süßkartoffel, gehackt
- 2 Karotten, gehackt
- 3 Pastinaken, gehackt
- 1 EL Currypaste
- 700 ml Gemüsebrühe
- 700 ml Milch
- 1 TL Limettensaft
- 6 EL saure Sahne
- Salz und Pfeffer
- 10-cm-Stück frische Ingwerwurzel
- 2 EL Erdnussöl
- Naan-Brot, zum Servieren

1 Die Butter in einem großen Topf zerlassen. Zwiebeln und Knoblauch darin bei schwacher Hitze unter Rühren 8–10 Minuten goldbraun anbraten. Kreuzkümmel und Koriander einrühren und 2 Minuten mitgaren. Süßkartoffel, Karotten und Pastinaken zugeben und unter Rühren 5 Minuten dünsten, dann die Currypaste zufügen und alles gut verrühren. Die Gemüsebrühe zugießen und bei mittlerer Hitze unter gelegentlichem Rühren aufkochen. Die Hitze reduzieren und die Suppe abgedeckt etwa 20–25 Minuten köcheln, bis das Gemüse weich ist.

2 In der Zwischenzeit für die Garnierung den Ingwer in sehr dünne Streifen schneiden. Das Öl in einem kleinen Topf erhitzen. Die Hitze reduzieren, den Ingwer zugeben und unter konstantem Schwenken 1 Minute braten. Vom Herd nehmen, mit einem Schaumlöffel herausheben und auf Küchenpapier abtropfen lassen.

3 Die Suppe vom Herd nehmen und leicht abkühlen lassen. Dann portionsweise in der Küchenmaschine oder im Standmixer glatt pürieren.

4 Wieder in den ausgespülten Topf geben und die Milch einrühren. Unter ständigem Rühren 5 Minuten kochen. Limettensaft und 3 Esslöffel saure Sahne unterrühren und die Suppe abschmecken.

5 In vorgewärmte Schalen geben und mit der restlichen sauren Sahne und dem gebratenen Ingwer garnieren. Sofort mit dem Naan-Brot servieren.

Borschtsch

Für 4 Personen

Zutaten

- 5 Rote Bete, etwa 1 kg
- 70 g Butter
- 2 Zwiebeln, in dünne Ringe geschnitten
- 3 Karotten, in dünne Scheiben geschnitten
- 3 Selleriestangen, in dünne Scheiben geschnitten
- 6 Tomaten, gehäutet, entkernt und gehackt
- 1 EL Rotweinessig
- 1 EL Zucker
- 2 Knoblauchzehen, fein gehackt
- 1 Bouquet garni
- Salz und Pfeffer
- 1,3 l Gemüsebrühe
- 4 EL saure Sahne
- frisch gehackter Dill, zum Garnieren
- Roggenbrot, zum Servieren

1 4 Rote Beten schälen und grob reiben. Die Butter in einem großen Topf zerlassen und die Zwiebeln darin bei schwacher Hitze unter Rühren 5 Minuten glasig dünsten. Geriebene Rote Bete, Karotten und Sellerie zugeben und unter gelegentlichem Rühren 5 Minuten dünsten.

2 Tomaten, Essig, Zucker, Knoblauch und Bouquet garni zufügen, mit Salz und Pfeffer abschmecken und alles gut verrühren. Die Gemüsebrühe zugießen und bei mittlerer Hitze zum Kochen bringen. Die Hitze reduzieren, den Topf abdecken und die Suppe 1¼ Stunden köcheln.

3 In der Zwischenzeit die restliche Rote Bete schälen und reiben, dabei den Saft auffangen. Rote Bete und Saft zu der Suppe in den Topf geben und alles weitere 10 Minuten köcheln. Den Topf vom Herd nehmen und für 10 Minuten beiseitestellen.

4 Das Bouquet garni entfernen und wegwerfen, die Suppe in vorgewärmte Schalen füllen. Jeweils 1 Esslöffel saure Sahne daraufgeben, mit Dill garnieren und sofort mit Roggenbrot servieren.

Vegetarische Gulaschsuppe

Für 6 Personen

Zutaten
- 2 EL Olivenöl
- 1 große Zwiebel, gehackt
- 2 Knoblauchzehen, fein gehackt
- 3–4 Karotten, in dünne Scheiben geschnitten
- ½ Wirsing, geputzt und gehobelt
- 1 kleine rote Paprika, gehackt
- 1 EL Mehl
- 2 EL edelsüßes Paprikapulver
- 1 l Gemüsebrühe
- Salz und Pfeffer
- 2 Kartoffeln, in grobe Stücke geschnitten
- 1–2 TL Zucker (nach Belieben)

1 Das Öl in einem Topf erhitzen. Zwiebel, Knoblauch und Karotten darin bei schwacher Hitze unter gelegentlichem Rühren 8–10 Minuten leicht anbräunen. Wirsing und Paprika zugeben und unter häufigem Rühren 3–4 Minuten dünsten.

2 Mehl und Paprikapulver einstreuen und unter Rühren 1 Minute anschwitzen. Nach und nach die Gemüsebrühe zugießen und bei mittlerer Hitze unter Rühren aufkochen. Mit Salz abschmecken, die Hitze reduzieren und die Suppe abgedeckt etwa 30 Minuten köcheln.

3 Die Kartoffeln zugeben und aufkochen. Die Hitze reduzieren und die Suppe abgedeckt nochmals etwa 20–30 Minuten köcheln, bis die Kartoffeln gar sind, aber noch nicht zerfallen.

4 Die Suppe abschmecken und nach Belieben etwas Zucker zufügen. In vorgewärmte Schalen geben und sofort servieren.

Kapitel 3
Suppen mit Hülsenfrüchten

Toskanische Bohnensuppe

Für 6 Personen

Zutaten

- 300 g weiße Bohnen aus der Dose, abgespült und abgetropft
- 300 g Borlotti-Bohnen aus der Dose, abgespült und abgetropft
- 600 ml Gemüsebrühe
- 120 g Conchigliette (kleine Muschelnudeln) oder andere kleine Nudeln
- 4 EL Olivenöl
- 2 Knoblauchzehen, zerdrückt
- 3 EL frisch gehackte glatte Petersilie
- Salz und Pfeffer

1 Jeweils die Hälfte der beiden Bohnensorten mit der Hälfte der Brühe in der Küchenmaschine oder im Standmixer pürieren und zusammen mit den übrigen nicht zerkleinerten Bohnen in einen großen Topf geben. Mithilfe der verbliebenen Brühe die gewünschte Konsistenz herstellen, dann aufkochen.

2 Die Nudeln zugeben und die Suppe aufkochen. Die Temperatur reduzieren und 15 Minuten köcheln, bis die Nudeln weich sind.

3 In der Zwischenzeit 3 Esslöffel Öl in einer kleinen Pfanne erhitzen und den Knoblauch unter Rühren 2–3 Minuten goldgelb dünsten. Zusammen mit der Petersilie in die Suppe rühren.

4 Mit Salz und Pfeffer abschmecken und in vorgewärmte Suppenschalen füllen. Mit dem restlichen Olivenöl beträufeln und sofort servieren.

Ribollita – Toskanische Gemüsesuppe

Für 6 Personen

Zutaten

- 400 g weiße Bohnen aus der Dose, abgetropft und abgespült
- 3 EL Olivenöl, plus etwas mehr zum Beträufeln
- 1 Gemüsezwiebel, gehackt
- 1 Porreestange, gehackt
- 4 Knoblauchzehen, fein gehackt
- 2 Karotten, gewürfelt
- 2 Selleriestangen, gehackt
- 2 Kartoffeln, gewürfelt
- 2 Zucchini, gewürfelt
- 2 große Tomaten, gehäutet, entkernt und gehackt
- 1 TL Pesto rosso
- 1 getrocknete Chili, zerstoßen (nach Belieben)
- 1,7 l Gemüsebrühe
- 250 g Schwarzkohl oder Grünkohl, in feine Streifen geschnitten
- 250 g Wirsing, in feine Streifen geschnitten
- Salz und Pfeffer

Croûtes

- 6 Scheiben Ciabatta
- 2 Knoblauchzehen, halbiert

1 Die Hälfte der Bohnen in der Küchenmaschine oder im Standmixer grob pürieren, in eine Schüssel geben und beiseitestellen.

2 Das Öl in einem großen Topf erhitzen. Zwiebel, Porree, Knoblauch, Karotten und Sellerie darin bei schwacher Hitze unter gelegentlichem Rühren 8–10 Minuten andünsten. Kartoffeln und Zucchini zugeben und unter Rühren 2 Minuten mitdünsten.

3 Tomaten, Pesto rosso und Chili (falls verwendet) zufügen und unter Rühren 3 Minuten garen, dann das Bohnenpüree einrühren. Unter ständigem Rühren alles weitere 2 Minuten garen.

4 Gemüsebrühe und Kohl zugeben. Aufkochen, die Hitze reduzieren und die Suppe 2 Stunden köcheln.

5 In der Zwischenzeit den Backofengrill vorheizen. Das Brot mit den halbierten Knoblauchzehen einreiben und von beiden Seiten im Backofen rösten.

6 Die restlichen ganzen Bohnen in die Suppe rühren und 10 Minuten sanft erhitzen. Mit Salz und Pfeffer abschmecken. Das Knoblauchbrot in die vorgewärmten Suppenschalen legen und die Suppe darübergeben. Mit etwas Öl beträufeln und sofort servieren.

Bohnen-Gemüse-Suppe

Für 4 Personen

Zutaten

- 250 g getrocknete weiße Bohnen oder Cannellini-Bohnen
- 1 EL Olivenöl
- 2 Zwiebeln, fein gehackt
- 4 Knoblauchzehen, fein gehackt
- 1 Selleriestange, in dünne Scheiben geschnitten
- 2 Karotten, halbiert und in dünne Scheiben geschnitten
- 1,2 l Wasser
- ¼ TL getrockneter Thymian
- ¼ TL getrockneter Majoran
- 1 Lorbeerblatt
- Salz und Pfeffer
- 125 g Blattgemüse, z. B. Mangold, Spinat oder Senfkohl, geputzt

1 Die Bohnen verlesen, mit reichlich kaltem Wasser bedecken und 6 Stunden (besser über Nacht) einweichen. Abgießen, in einen Topf geben und 5 cm hoch mit kaltem Wasser bedecken. Aufkochen und 10 Minuten köcheln. Abgießen und gründlich abspülen.

2 Das Öl bei mittlerer Temperatur in einem großen Topf erhitzen. Die Zwiebeln zugeben und 3–4 Minuten weich dünsten. Ab und zu umrühren. Knoblauch, Sellerie und Karotten zugeben und weitere 2 Minuten dünsten.

3 Wasser, Bohnen und Kräuter zugeben. Zum Kochen bringen, dann die Hitze reduzieren und abgedeckt 1 ¼ Stunden leicht kochen, bis die Bohnen weich sind. Gelegentlich umrühren. Abhängig von der Bohnenart kann die Garzeit variieren. Mit Salz und Pfeffer würzen.

4 Das Lorbeerblatt entfernen. Die Suppe etwas abkühlen lassen, dann 450 ml der Suppe mit dem Pürierstab oder in der Küchenmaschine sehr glatt pürieren. Zurück in den ausgespülten Topf geben.

5 Das Blattgemüse in schmale Streifen schneiden. Dabei zarte Blätter beiseitelegen. Die festeren Blätter zu der Suppe geben und ohne Deckel 10 Minuten mitgaren. Die restlichen Blätter zugeben und weitere 5–10 Minuten garen.

6 Die Suppe erneut abschmecken. In vorgewärmte Suppenschalen füllen und servieren.

Schwarze-Bohnen-Suppe

Für 4 Personen

Zutaten

- 3 EL Maiskeimöl
- 1 große Zwiebel, gehackt
- 2 Selleriestangen, gehackt
- 2 Knoblauchzehen, gehackt
- 450 g getrocknete schwarze Bohnen oder Augenbohnen, über Nacht in kaltem Wasser eingeweicht
- 2,5 l Gemüsebrühe
- ¾ TL Cayennepfeffer
- 5 EL Zitronensaft
- 2 EL Rotweinessig
- 2 EL trockener Sherry
- 4 hart gekochte Eier, grob gehackt
- Salz und Pfeffer
- frisch gehackte Sellerieblätter, zum Garnieren
- geriebener Emmentaler, zum Servieren

1 Das Öl in einem großen Topf erhitzen. Zwiebel, Sellerie und Knoblauch darin bei schwacher Hitze unter gelegentlichem Rühren 6–8 Minuten andünsten.

2 Bohnen und Gemüsebrühe zugeben und bei mittlerer Hitze aufkochen. Die Hitze reduzieren, den Topf abdecken und die Suppe 2–2½ Stunden köcheln, bis die Bohnen weich sind.

3 Vom Herd nehmen und leicht abkühlen lassen, dann je nach gewünschter Konsistenz ganz oder zur Hälfte portionsweise in der Küchenmaschine oder im Standmixer pürieren.

4 Die Suppe wieder in den Topf geben und kurz aufkochen. Wenn sie zu stark andickt, etwas heißes Wasser oder Brühe zugießen. Cayennepfeffer, Zitronensaft, Essig, Sherry und Eier einrühren und alles mit Salz und Pfeffer abschmecken.

5 Die Hitze reduzieren und die Suppe unter Rühren 10 Minuten köcheln. Vom Herd nehmen und in vorgewärmte Schalen geben. Mit Sellerieblättern garnieren, mit Emmentaler bestreuen und sofort servieren.

Weiße-Bohnen-Suppe mit Tapenade

Für 8 Personen

Zutaten

- 350 g getrocknete weiße Bohnen, über Nacht eingeweicht und abgegossen
- 1 EL Olivenöl
- 1 große Zwiebel, fein gehackt
- 1 Porreestange, nur der weiße Teil, in dünne Scheiben geschnitten
- 3 Knoblauchzehen, fein gehackt
- 2 Selleriestangen, fein gehackt
- 2 kleine Karotten, fein gehackt
- 1 kleine Fenchelknolle, fein gehackt
- 2 l Wasser
- ¼ TL getrockneter Thymian
- ¼ TL getrockneter Majoran
- Salz und Pfeffer

Tapenade

- 1 Knoblauchzehe
- 1 kleines Bund glatte Petersilie, Stängel entfernt
- 250 g grüne Oliven mit Mandelfüllung, abgetropft
- 5 EL Olivenöl

1 Die Bohnen in einen großen Topf geben, 5 cm hoch mit Wasser bedecken und alles zum Kochen bringen. Etwa 10 Minuten köcheln, dann die Bohnen abgießen, abspülen und abtropfen lassen.

2 Den Topf ausspülen, abtrocknen und das Öl darin bei mittlerer Hitze erwärmen. Zwiebel und Porree zufügen und unter Rühren 3–4 Minuten weich dünsten. Knoblauch, Sellerie, Karotten und Fenchel zugeben und alles weitere 2 Minuten dünsten.

3 Mit dem Wasser ablöschen. Bohnen, Thymian und Majoran einrühren und aufkochen. Die Hitze reduzieren, den Topf abdecken und alles unter gelegentlichem Rühren etwa 1½ Stunden sanft köcheln, bis die Bohnen ganz weich sind.

4 In der Zwischenzeit alle Zutaten für die Tapenade in einer Küchenmaschine oder einem Standmixer zu einer Paste verarbeiten. In eine kleine Schüssel geben und beiseitestellen.

5 Die Suppe vom Herd nehmen und etwas abkühlen lassen. Dann portionsweise in die Küchenmaschine oder den Standmixer geben und glatt pürieren.

6 Die pürierte Suppe zurück in den ausgespülten Topf geben und nach Bedarf mit etwas Wasser verdünnen. Mit Salz und Pfeffer abschmecken und gut erhitzen. In Suppenschalen geben und je 1 gehäuften Teelöffel Tapenade daraufgeben. Sofort servieren.

Gemischte Bohnensuppe mit Gruyère

Für 4 Personen

Zutaten

- 1 EL natives Olivenöl extra
- 3 Knoblauchzehen, fein gehackt
- 4 Frühlingszwiebeln, in feine Ringe geschnitten, plus etwas mehr zum Garnieren
- 200 g Champignons, in Scheiben geschnitten
- 1 l Gemüsebrühe
- 1 große Karotte, gehackt
- 400 g gemischte Bohnen aus der Dose, abgegossen, abgespült und abgetropft
- 800 g gehackte Tomaten aus der Dose
- 1 EL frisch gehackter Thymian
- 1 EL frisch gehackter Oregano
- Salz und Pfeffer
- 175 g Gruyère, gerieben
- 4 EL Sahne, plus etwas mehr zum Garnieren

1 Das Öl bei mittlerer Hitze in einem großen Topf erwärmen. Knoblauch und Frühlingszwiebeln zufügen und unter Rühren 3 Minuten weich dünsten. Die Pilze zugeben und alles unter Rühren weitere 2 Minuten garen.

2 Mit der Brühe ablöschen, dann Karotte, Bohnen, Tomaten, Thymian und Oregano einrühren. Mit Salz und Pfeffer würzen und alles zum Kochen bringen. Die Hitze reduzieren und etwa 30 Minuten köcheln.

3 Den Topf vom Herd nehmen und die Suppe etwas abkühlen lassen. Dann die Suppe portionsweise in die Küchenmaschine oder den Standmixer geben und pürieren.

4 Die Suppe zurück in den Topf geben und den Käse einrühren. Weitere 10 Minuten köcheln, dann die Sahne einrühren. Noch einmal 5 Minuten köcheln, dann vom Herd nehmen. In Suppenschalen geben, mit etwas Sahne und Frühlingszwiebeln garnieren und sofort servieren.

Tomatensuppe mit weißen Bohnen

Für 6 Personen

Zutaten

- 3 EL Olivenöl
- 450 g rote Zwiebeln, gehackt
- 1 Selleriestange mit Grün, gehackt
- 1 rote Paprika, gehackt
- 2 Knoblauchzehen, fein gehackt
- 1 kg Eiertomaten, gehäutet und gehackt
- 1,3 l Gemüsebrühe
- 2 EL Tomatenmark
- 1 TL Zucker
- 1 EL edelsüßes Paprikapulver
- Salz und Pfeffer
- 15 g Butter
- 1 EL Mehl
- 400 g weiße Bohnen aus der Dose, abgetropft und abgespült
- 3 EL frisch gehackte glatte Petersilie, zum Garnieren

1 Das Öl in einem großen Topf erhitzen. Zwiebeln, Sellerie, Paprika und Knoblauch darin bei schwacher Hitze unter Rühren 5 Minuten andünsten.

2 Die Tomaten zugeben und bei mittlerer Hitze unter Rühren 5 Minuten kochen. Dann die Gemüsebrühe zugießen. Tomatenmark, Zucker und Paprikapulver zufügen und mit Salz und Pfeffer abschmecken. Aufkochen, die Hitze reduzieren und die Suppe 15 Minuten köcheln.

3 In der Zwischenzeit Butter und Mehl in einer kleinen Schüssel mit einer Gabel zu einer Paste verarbeiten. Die Paste nach und nach in die Suppe rühren, dabei darauf achten, dass jede Portion vollständig gelöst ist, bevor die nächste eingerührt wird.

4 Die Bohnen zugeben, alles gut verrühren und weitere 5 Minuten köcheln. Mit der Petersilie bestreut sofort servieren.

Süßkartoffelsuppe mit weißen Bohnen

Für 4 Personen

Zutaten

- 2 EL Olivenöl
- 1 Zwiebel, gehackt
- 2 Selleriestangen, gehackt
- 1 große Karotte, grob gehackt
- 1 große oder 2 kleine Süßkartoffeln, gehackt
- 400 g weiße Bohnen aus der Dose, abgespült und abgetropft
- 1 l Gemüsebrühe
- Salz und Pfeffer
- frisch gehackter Koriander
- 2 EL frisch geriebener Parmesan

1 Das Öl in einem großen Topf erhitzen. Zwiebel, Sellerie und Karotte bei mittlerer Hitze 8–10 Minuten unter Rühren andünsten. Süßkartoffeln und Bohnen zugeben und unter Rühren 1 weitere Minute mitdünsten.

2 Die Brühe zugießen und alles unter Rühren zum Kochen bringen. Leicht salzen und pfeffern. Die Hitze reduzieren und alles bei geschlossenem Deckel etwa 25–30 Minuten köcheln, bis das Gemüse gar ist.

3 Die Suppe etwas abkühlen lassen, dann ein Drittel davon in der Küchenmaschine, im Standmixer oder mit dem Pürierstab glatt pürieren. Wieder in den Topf gießen und gut unterrühren. Mit Salz und Pfeffer abschmecken.

4 Die Suppe erhitzen, in vorgewärmte Suppenschalen füllen und mit Koriander und Parmesan bestreuen. Sofort servieren.

Eintopf mit Chorizo & Kidney-Bohnen

Für 4 Personen

Zutaten
- 2 EL Olivenöl
- 2 Knoblauchzehen, gehackt
- 2 rote Zwiebeln, gehackt
- 1 rote Paprika, gehackt
- 2 EL Speisestärke
- 1 l Gemüsebrühe
- 450 g Kartoffeln, halbiert und in Scheiben geschnitten
- Salz und Pfeffer
- 150 g Chorizo, gehäutet und in Scheiben geschnitten
- 2 Zucchini, in Scheiben geschnitten
- 200 g Kidney-Bohnen aus der Dose, abgespült und abgetropft
- 125 g Sahne
- frische Brotscheiben, zum Servieren

1 Das Öl in einem großen Topf erhitzen. Knoblauch und Zwiebeln darin bei mittlerer Hitze unter Rühren 3 Minuten glasig dünsten. Paprika zufügen und weitere 3 Minuten unter Rühren mitdünsten.

2 Die Speisestärke mit etwas Brühe in einer kleinen Schüssel glatt rühren und in den Topf geben. Unter Rühren 2 Minuten anschwitzen. Nach und nach die restliche Brühe und die Kartoffeln zufügen. Salzen und pfeffern. Aufkochen, die Hitze reduzieren und alles etwa 25 Minuten köcheln, bis das Gemüse weich ist.

3 Chorizo, Zucchini und Kidney-Bohnen in den Topf geben. 10 Minuten köcheln, dann die Sahne einrühren und alles weitere 5 Minuten garen. Den Topf vom Herd nehmen und den Eintopf in Suppenschalen füllen. Mit frischen Brotscheiben servieren.

Kürbissuppe mit Kidney-Bohnen & Tomaten

Für 4–6 Personen

Zutaten

- 250 g getrocknete Kidney-Bohnen
- 1 EL Olivenöl
- 2 Zwiebeln, fein gehackt
- 4 Knoblauchzehen, fein gehackt
- 1 Selleriestange, in dünne Scheiben geschnitten
- 1 Karotte, halbiert und in dünne Scheiben geschnitten
- 1,2 l Wasser
- 2 EL Tomatenmark
- 1 Prise getrockneter Thymian
- 1 Prise getrockneter Oregano
- 1 Prise gemahlener Kreuzkümmel
- 1 Lorbeerblatt
- 400 g gehackte Tomaten aus der Dose
- 250 g Kürbisfleisch, gewürfelt
- ¼ TL Chilipaste, oder nach Belieben etwas mehr
- Salz und Pfeffer
- frischer Koriander, zum Garnieren

1 Die Bohnen mit reichlich kaltem Wasser bedecken und 6 Stunden (besser über Nacht) einweichen. Abgießen, in einen Topf geben und 5 cm hoch mit kaltem Wasser bedecken. Aufkochen und 10 Minuten köcheln. Abgießen und gründlich abspülen.

2 Das Öl bei mittlerer Temperatur in einem großen Topf erhitzen. Die Zwiebeln zugeben und 3–4 Minuten unter Rühren weich dünsten. Knoblauch, Sellerie und Karotte zugeben und weitere 2 Minuten dünsten.

3 Wasser, Bohnen, Tomatenmark, Thymian, Oregano, Kreuzkümmel und Lorbeerblatt zugeben und alles aufkochen. Dann die Hitze reduzieren, den Deckel auflegen und 1 Stunde köcheln.

4 Tomaten, Kürbis und Chilipaste zufügen und unter gelegentlichem Rühren etwa 1 weitere Stunde kochen, bis Bohnen und Kürbis weich sind. Das Lorbeerblatt entfernen.

5 Die Suppe salzen, pfeffern und nach Geschmack mit Chilipaste nachwürzen. In vorgewärmte Suppenschalen füllen, mit Koriander garnieren und servieren.

Kichererbsensuppe

Für 6 Personen

Zutaten

- 400 g getrocknete Kichererbsen, über Nacht in kaltem Wasser eingeweicht
- Salz und Pfeffer
- 2 EL Olivenöl
- 1 Zwiebel, fein gehackt
- 2 Knoblauchzehen, fein gehackt
- 450 g Mangold, fein gehackt
- 2 frische Rosmarinzweige
- 400 g gehackte Tomaten aus der Dose
- geröstete Ciabatta-Scheiben, zum Servieren

1 Die Kichererbsen abgießen und in einen großen Topf geben. Mit frischem, kaltem Wasser bedecken und zum Kochen bringen. Dabei den entstehenden Schaum mit einem Schaumlöffel abschöpfen. Die Hitze reduzieren und alles 1–1¼ Stunde köcheln, bis die Kichererbsen gar und weich sind. Falls nötig, zwischendurch etwas heißes Wasser zugießen.

2 Die Kichererbsen abgießen und dabei den Kochsud auffangen. Die Kichererbsen mit Salz und Pfeffer würzen und zwei Drittel in die Küchenmaschine oder in den Standmixer füllen. Etwas Kochsud zugießen und glatt pürieren. So viel Kochsud zufügen, bis eine glatte Suppe entsteht, dabei immer weitermixen. Dann die Suppe zurück in den Topf gießen.

3 Das Öl in einem Topf erhitzen. Zwiebel und Knoblauch zugeben und bei mittlerer Hitze 3–4 Minuten unter Rühren weich dünsten. Mangold und Rosmarin zufügen und 3–4 Minuten unter Rühren mitbraten. Die Tomaten zugeben und weitere 5 Minuten köcheln. Die Rosmarinzweige entfernen.

4 Die Mangoldmischung zur Kichererbsensuppe geben und 2–3 Minuten köcheln. Salzen und pfeffern. Die Suppe auf 6 vorgewärmte Suppenschalen verteilen und mit den Ciabatta-Scheiben servieren.

Erbsensuppe mit geräuchertem Schinken

Für 6–8 Personen

Zutaten

- 500 g grüne Schälerbsen
- 1 EL Olivenöl
- 1 große Zwiebel, fein gehackt
- 1 große Karotte, fein gehackt
- 1 Selleriestange, fein gehackt
- 1 l Hühner- oder Gemüsebrühe
- 1 l Wasser
- 250 g magerer geräucherter Schinken, fein gewürfelt
- ¼ TL getrockneter Thymian
- ¼ TL getrockneter Majoran
- 1 Lorbeerblatt
- Salz und Pfeffer

1 Die Erbsen unter fließend kaltem Wasser abspülen, in einen großen Topf geben und großzügig mit Wasser bedecken. Aufkochen und 3 Minuten köcheln. Dabei den aufsteigenden Schaum abschöpfen. Abtropfen lassen und beiseitestellen.

2 Das Öl bei mittlerer Hitze in einem großen Topf erhitzen und die Zwiebel darin unter Rühren 3–4 Minuten dünsten.

3 Karotte und Sellerie zugeben und 2 Minuten mitdünsten. Die Erbsen zufügen, Brühe und Wasser zugießen und alles gut verrühren.

4 Kurz aufkochen, dann den Schinken einrühren. Thymian, Majoran und Lorbeerblatt hinzugeben, die Temperatur reduzieren, den Topf abdecken und die Suppe 1–1½ Stunden sanft köcheln, bis alle Zutaten weich sind. Das Lorbeerblatt entfernen.

5 Die Suppe gut mit Salz und Pfeffer abschmecken. In vorgewärmte Suppenschalen füllen und sofort servieren.

Pikante Linsen-Karotten-Suppe

Für 4 Personen

Zutaten
- 125 g rote Linsen
- 1,2 l Gemüsebrühe
- 350 g Karotten, in Scheiben geschnitten
- 2 Zwiebeln, gehackt
- 250 g gehackte Tomaten aus der Dose
- 2 Knoblauchzehen, gehackt
- 2 EL Pflanzenöl
- 1 TL gemahlener Kreuzkümmel
- 1 TL gemahlener Koriander
- 1 frische grüne Chili, entkernt und gehackt
- ½ TL gemahlene Kurkuma
- 1 EL Zitronensaft
- Salz und Pfeffer
- 300 ml Milch
- 2 EL frisch gehackter Koriander
- Naturjoghurt, zum Garnieren

1 Linsen, 900 ml von der Brühe, Karotten, Zwiebeln, Tomaten und Knoblauch in einen großen Topf geben und zum Kochen bringen. Die Hitze reduzieren, den Topf abdecken und alles 30 Minuten köcheln, bis Linsen und Gemüse weich sind.

2 In der Zwischenzeit das Öl in einem kleinen Topf erhitzen. Kreuzkümmel, Koriander, Chili und Kurkuma zufügen und 1 Minute anrösten. Den Topf vom Herd nehmen und den Zitronensaft einrühren. Salzen und beiseitestellen.

3 Die Suppe vom Herd nehmen und leicht abkühlen lassen. Portionsweise in der Küchenmaschine oder dem Standmixer pürieren. Die Suppe zurück in den ausgespülten Topf geben. Die angeröstete Gewürzmischung und die restliche Brühe einrühren und alles 10 Minuten bei geringer Hitze erwärmen.

4 Die Milch zugießen, gut verrühren und alles mit Salz und Pfeffer abschmecken. Den Koriander unterrühren und die Suppe erneut sanft erhitzen. Auf Suppenschalen verteilen, mit etwas Naturjoghurt garnieren und sofort servieren.

Linsensuppe mit Speck

Für 4 Personen

Zutaten

- 450 g geräucherter Speck ohne Schwarte, gewürfelt
- 1 Zwiebel, gehackt
- 2 Karotten, in Scheiben geschnitten
- 2 Selleriestangen, gehackt
- 1 weiße Rübe, gehackt
- 1 große Kartoffel, gewürfelt
- 80 g Puy-Linsen
- 1 Bouquet garni
- 1 l Wasser oder Hühnerbrühe
- Salz und Pfeffer

1 Einen großen schweren Suppentopf vorheizen. Den Speck zugeben und bei mittlerer Hitze 4–5 Minuten unter Rühren auslassen. Dann Zwiebel, Karotten, Sellerie, Rübe und Kartoffel zufügen und unter Rühren 5 Minuten andünsten.

2 Linsen und Bouquet garni in den Topf geben, das Wasser zugießen und zum Kochen bringen. Dann die Hitze reduzieren und die Suppe 1 Stunde köcheln, bis die Linsen weich sind.

3 Das Bouquet garni herausnehmen und wegwerfen. Die Suppe mit Salz und Pfeffer abschmecken, auf vorgewärmte Suppenschalen verteilen und servieren.

Kürbis-Linsen-Suppe

Für 6 Personen

Zutaten
- 3 EL Olivenöl
- 2 große Zwiebeln, gehackt
- 2 Knoblauchzehen, gehackt
- 2 TL gemahlener Kreuzkümmel
- 1 TL Zimt
- ½ TL frisch geriebene Muskatnuss
- ½ TL gemahlener Ingwer
- ½ TL gemahlener Koriander
- 1 kg Butternut-Kürbis, entkernt und in kleine Stücke geschnitten
- 350 g rote oder gelbe Linsen
- 1,7 l Gemüsebrühe
- 3 EL Zitronensaft
- Salz und Pfeffer
- Crème fraîche oder griechischer Joghurt, zum Garnieren

1 Das Öl in einem großen Topf erhitzen. Zwiebeln und Knoblauch darin bei schwacher Hitze unter Rühren 5 Minuten andünsten. Kreuzkümmel, Zimt, Muskatnuss, Ingwer und Koriander zugeben und unter ständigem Rühren 1 Minute mitdünsten.

2 Kürbis und Linsen einrühren und unter Rühren 2 Minuten kochen, dann die Gemüsebrühe zugießen und bei mittlerer Hitze aufkochen. Die Hitze reduzieren und die Suppe unter gelegentlichem Rühren 50–60 Minuten köcheln, bis das Gemüse weich ist.

3 Die Suppe vom Herd nehmen und leicht abkühlen lassen, dann portionsweise in der Küchenmaschine oder im Standmixer glatt pürieren.

4 Die Suppe wieder in den ausgespülten Topf geben, den Zitronensaft einrühren, alles mit Salz und Pfeffer abschmecken und nochmals sanft erhitzen. In vorgewärmte Suppenschalen geben, mit einem Löffel Crème fraîche oder Joghurt garnieren und servieren.

Goldgelbe Gemüsesuppe mit Puy-Linsen

Für 6 Personen

Zutaten

- 1 EL Olivenöl
- 1 Zwiebel, fein gehackt
- 1 Knoblauchzehe, fein gehackt
- 1 Karotte, längs halbiert und in dünne Scheiben geschnitten
- 450 g junger Wirsing, Strunk entfernt, Blätter fein geschnitten
- 400 g gehackte Tomaten aus der Dose
- ½ TL getrockneter Thymian
- 2 Lorbeerblätter
- 1,5 l Hühner- oder Gemüsebrühe
- 200 g Puy-Linsen
- 450 ml Wasser
- Salz und Pfeffer
- frisch gehackter Koriander oder frisch gehackte Petersilie, zum Garnieren

1 Das Öl bei mittlerer Temperatur in einem großen Topf erhitzen. Zwiebel, Knoblauch und Karotte zugeben und etwa 3–4 Minuten unter Rühren dünsten. Den Wirsing zugeben und weitere 2 Minuten dünsten.

2 Tomaten, Thymian und 1 Lorbeerblatt zugeben, die Brühe zugießen und aufkochen. Die Hitze reduzieren, den Topf leicht bedecken und alles etwa 45 Minuten unter gelegentlichem Rühren köcheln, bis das Gemüse weich ist.

3 Inzwischen die Linsen mit dem zweiten Lorbeerblatt und dem Wasser in einen Topf geben und aufkochen. Die Hitze reduzieren und 25 Minuten leicht kochen, bis die Linsen weich sind. Abgießen und beiseitestellen. Das Lorbeerblatt entfernen.

4 Die Gemüsemischung leicht abkühlen lassen, dann portionsweise in der Küchenmaschine oder mit dem Pürierstab glatt pürieren.

5 Die Suppe zurück in den ausgespülten Topf geben, die gekochten Linsen einrühren und bei geringer Hitze etwa 10 Minuten erwärmen. Abschmecken. In vorgewärmte Suppenschalen füllen, mit Koriander garnieren und servieren.

Kapitel 4
Fleisch- & Geflügelsuppen

Traditionelle Rindfleischsuppe

Für 4 Personen

Zutaten
- 50 g Perlgraupen, abgespült und abgetropft
- 1,2 l Rinderbrühe
- 1 TL gemischte getrocknete Kräuter
- 250 g Rumpsteak
- 1 große Karotte, gewürfelt
- 1 Porree, in Streifen geschnitten
- 1 Zwiebel, gehackt
- 2 Selleriestangen, in Scheiben geschnitten
- Salz und Pfeffer
- 2 EL frisch gehackte Petersilie, zum Garnieren

1 Die Perlgraupen in einen großen Topf geben, mit der Brühe übergießen und die Kräutermischung zugeben. Aufkochen, abdecken und bei schwacher Hitze etwa 10 Minuten köcheln, dabei den Schaum, der sich auf der Oberfläche bildet, mit dem Schaumlöffel abschöpfen.

2 In der Zwischenzeit das Rindfleisch von eventuellem Fett befreien und in dünne Streifen schneiden.

3 Fleisch, Karotte, Porree, Zwiebel und Sellerie in den Topf geben, alles aufkochen und abgedeckt etwa 1 Stunde köcheln, bis Perlgraupen, Fleisch und Gemüse weich sind.

4 Den restlichen Schaum von der Suppe abschöpfen und Fett mit Küchenpapier von der Oberfläche absaugen. Die Suppe mit Salz und Pfeffer abschmecken.

5 In vorgewärmte Suppenschalen füllen, mit der gehackten Petersilie garnieren und sofort servieren.

Rindfleischsuppe mit Kohl

Für 6 Personen

Zutaten

- 2 EL Pflanzenöl
- 1 Zwiebel, gehackt
- 2 Selleriestangen, gewürfelt
- 2 Karotten, gewürfelt
- 1 große Knoblauchzehe, fein gehackt
- Salz und Pfeffer
- 1,5 l Rinderfond
- 1 große Kartoffel, gewürfelt
- 280 g gegartes Suppenfleisch oder gepökeltes Rindfleisch, in mundgerechte Stücke geschnitten
- 200 g Wirsing, in dünne Streifen geschnitten
- 3 EL grob gehackte glatte Petersilie, zum Garnieren

1 Das Öl bei mittlerer Hitze in einem großen Topf erhitzen. Zwiebel, Sellerie und Karotten zufügen, den Topf abdecken und alles unter gelegentlichem Rühren etwa 5–7 Minuten weich dünsten. Knoblauch und je 1 Prise Salz und Pfeffer einrühren und das Ganze 1 weitere Minute garen.

2 Mit dem Fond ablöschen und zum Kochen bringen. Kartoffel und Fleisch zugeben, den Topf halb abdecken und alles 30 Minuten köcheln.

3 Den Wirsing einrühren und die Suppe erneut aufkochen. Die Hitze reduzieren und alles weitere 15 Minuten köcheln, bis der Wirsing gar ist.

4 Die Suppe mit Salz und Pfeffer abschmecken und auf Suppenschalen verteilen. Mit der Petersilie garnieren und sofort servieren.

Nudelsuppe mit Rindfleisch

Für 6 Personen

Zutaten

- 15 g getrocknete Shiitake-Pilze oder Steinpilze
- 3 EL Maiskeimöl
- 500 g mageres Rinderfiletsteak, in Streifen geschnitten
- 175 g Karotten, in feine Streifen geschnitten
- 10 Frühlingszwiebeln, in feine Ringe geschnitten
- 2 Knoblauchzehen, fein gehackt
- 1 EL fein gehackte Ingwerwurzel
- 1,7 l Gemüsebrühe
- 4 EL dunkle Sojasauce, nach Belieben etwas mehr
- 1 EL Hoisin-Sauce
- 6 EL chinesischer Reiswein oder trockener Sherry
- Pfeffer
- 150 g asiatische Eiernudeln
- 150 g Blattspinat, in feine Streifen geschnitten

1 Die getrockneten Pilze in einer Schüssel mit kochendem Wasser bedecken und 20 Minuten einweichen. Wenn Shiitake-Pilze verwendet werden, diese abgießen und abspülen. Steinpilze ebenfalls abgießen und das Einweichwasser auffangen. Das Wasser durch ein feines Sieb oder einen Kaffeefilter in eine Schüssel gießen.

2 Das Öl in einem großen Topf erhitzen. Das Fleisch darin unter Rühren rundum anbräunen. Mit dem Schaumlöffel aus dem Topf heben und auf Küchenpapier abtropfen lassen.

3 Karotten, Frühlingszwiebeln, Knoblauch und Ingwer in den Topf geben und unter Rühren 5 Minuten andünsten. Das Fleisch wieder in den Topf geben und Gemüsebrühe, Sojasauce, Hoisin-Sauce und Reiswein zugießen. Pilze und Einweichwasser zufügen. Mit Pfeffer abschmecken und bei mittlerer Hitze aufkochen, dann die Hitze reduzieren und die Suppe 15 Minuten köcheln.

4 Nudeln und Spinat in den Topf geben, alles gut durchrühren und weitere 7–8 Minuten köcheln. Abschmecken und bei Bedarf mit Pfeffer oder Sojasauce nachwürzen. Sofort servieren.

Consommé

Für 4–6 Personen

Zutaten

- 1,25 l kräftige Rinderbrühe
- 250 g mageres Rinderhackfleisch
- 2 Tomaten, gehäutet, entkernt und gehackt
- 2 große Karotten, gehackt
- 1 große Zwiebel, gehackt
- 2 Selleriestangen, gehackt
- 1 weiße Rübe, gehackt (nach Belieben)
- 1 Bouquet garni
- 2–3 Eiweiß
- Schale von 2–4 Eiern, zerkleinert
- Salz und Pfeffer
- 1–2 EL Sherry (nach Belieben)
- feine Streifen von Karotte, weißer Rübe und Sellerie, zum Garnieren

1 Brühe und Hackfleisch in einen Topf geben und 1 Stunde ziehen lassen. Tomaten, Karotten, Zwiebel, Sellerie, weiße Rübe (falls verwendet), Bouquet garni, 2 Eiweiß, die zerkleinerten Schalen von 2 Eiern und reichlich Salz und Pfeffer zugeben. Unter ständigem Rühren bis zum Siedepunkt erhitzen.

2 Die Suppe abgedeckt 1 Stunde kochen; dabei den aufsteigenden Schaum nicht abschöpfen.

3 Die Garflüssigkeit zweimal durch ein Musselintuch abseihen, sodass der Schaum im Tuch verbleibt. Die Flüssigkeit nochmals durch das Tuch in einen sauberen Topf gießen. Sie sollte nun klar sein.

4 Falls die Suppe noch nicht klar ist, die Flüssigkeit mit einem weiteren Eiweiß und den Schalen von 2 weiteren Eiern aufkochen. Wieder unter Rühren erhitzen und 10 Minuten kochen, dann durch das Tuch abseihen.

5 Nach Belieben Sherry in die Suppe geben und diese wieder vorsichtig erhitzen. Die Gemüsestreifen in vorgewärmte Suppenschalen geben und die Consommé darübergießen. Sofort servieren.

Italienische Hackbällchensuppe mit Mangold

Für 4–6 Personen

Zutaten
- 350 g mageres Rinderhackfleisch
- 4 EL geriebene Zwiebel
- 2 EL frisch geriebener Parmesan, plus etwas mehr zum Garnieren
- Salz und Pfeffer
- 1 kleines Ei, verquirlt
- 2 l Hühnerbrühe
- 40 g Suppennudeln
- 350 g Mangold, Stiele entfernt und Blätter in Streifen geschnitten

1 Den Backofen auf 230 °C vorheizen.

2 Hackfleisch, Zwiebel, Parmesan, ½ Teelöffel Pfeffer und ¼ Teelöffel Salz in eine Schüssel geben und vermengen. Das Ei gut untermischen und aus der Masse 24 walnussgroße Bällchen formen. Die Fleischbällchen auf ein mit Backpapier ausgelegtes Backblech legen und 5–7 Minuten im Ofen backen, bis sie leicht angebräunt sind. Aus dem Ofen nehmen und beiseitestellen.

3 Die Brühe in einem großen Topf zum Kochen bringen. Suppennudeln und Fleischbällchen zugeben und 10 Minuten köcheln.

4 In der Zwischenzeit den Mangold in einen Topf mit Dämpfeinsatz geben und 3 Minuten dämpfen, bis die Blätter zusammenfallen. In ein Sieb geben und so viel Flüssigkeit wie möglich ausdrücken. Den Mangold unter die Suppe rühren und weitere 5 Minuten köcheln, bis alles gar ist.

5 Die Suppe mit Salz und Pfeffer abschmecken und auf Suppenschalen verteilen. Mit Parmesan garnieren und sofort servieren.

Sauerkrautsuppe mit Mettwurst & Klößchen

Für 6 Personen

Zutaten
- 25 g Butter
- 1 EL Mehl
- 1 EL edelsüßes Paprikapulver
- 2 l Gemüsebrühe
- 650 g Sauerkraut, abgetropft
- 500 g geräucherte Mettwurst, in 2,5 cm dicke Scheiben geschnitten
- Salz und Pfeffer
- 150 g saure Sahne, plus etwas mehr zum Garnieren

Klößchen
- 80 g Mehl, plus etwas mehr zum Bestäuben
- 1 Prise Salz
- 1 großes Ei

1 Die Butter in einem großen Topf bei schwacher Hitze zerlassen. Mehl und Paprikapulver zugeben und unter Rühren 2 Minuten anschwitzen, dann den Topf vom Herd nehmen und nach und nach die Gemüsebrühe gründlich einrühren.

2 Den Topf wieder auf den Herd stellen und die Suppe unter Rühren aufkochen. Sauerkraut und Wurst zugeben und mit Salz und Pfeffer abschmecken. Die Hitze reduzieren, den Topf abdecken und die Suppe 30 Minuten köcheln.

3 In der Zwischenzeit für die Klöße Mehl und Salz in eine Schüssel geben. Das Ei in einer zweiten Schüssel verquirlen, dann nach und nach das gewürzte Mehl in kleinen Portionen einrühren. Den Teig auf einer bemehlten Arbeitsfläche geschmeidig kneten. Abdecken und 15 Minuten ruhen lassen.

4 Den Teig in sechs Stücke teilen und zu Würsten rollen. Mit bemehlten Händen Teigstücke abzupfen und in die Suppe geben. Den Topf wieder abdecken und die Suppe weitere 5 Minuten köcheln.

5 Vom Herd nehmen und die saure Sahne einrühren. Auf Suppenschalen verteilen, mit etwas saurer Sahne garnieren und sofort servieren.

Asiatische Fleischbällchen mit Pak Choi

Für 6 Personen

Zutaten

- 2 l Hühnerbrühe
- 85 g Shiitake-Pilze, in dünne Scheiben geschnitten
- 175 g Pak Choi oder Mangold, in dünne Streifen geschnitten
- 6 Frühlingszwiebeln, in dünne Ringe geschnitten
- Salz und Pfeffer

Fleischbällchen

- 250 g Hühnerfleisch, durch den Fleischwolf gedreht
- 25 g frischer Blattspinat, fein gehackt
- 2 Frühlingszwiebeln, fein gehackt
- 1 Knoblauchzehe, zerdrückt
- 1 Prise Fünf-Gewürze-Pulver
- 1 TL Sojasauce

1 Für die Fleischbällchen alle Zutaten in einer Schüssel gründlich vermischen.

2 Die Fleischmasse zu 24 Bällchen formen. Dazu am besten den Teig vierteln und aus jedem Viertel sechs Bällchen formen. In einer Lage in einen Dämpfaufsatz legen, der genau auf einen Topf passt.

3 Die Brühe in dem zum Dämpfaufsatz passenden Topf kurz aufkochen, dann die Temperatur zu einem sanften Köcheln reduzieren. Die Pilze in die Brühe geben, den Dämpfaufsatz einhängen und den Topf abdecken. 10 Minuten dämpfen. Den Aufsatz vom Topf nehmen und auf einem Teller beiseitestellen.

4 Pak Choi und Frühlingszwiebeln in den Topf geben und 3–4 Minuten garen, bis die Blätter zusammenfallen. Mit Salz und Pfeffer abschmecken.

5 Die Fleischbällchen auf vorgewärmte Suppenschalen verteilen und die Suppe darübergießen. Sofort servieren.

Caldo Verde – Portugiesische Kartoffelsuppe

Für 6 Personen

Zutaten

- 3 EL Olivenöl, plus etwas mehr zum Beträufeln
- 1 Gemüsezwiebel, fein gehackt
- 2 Knoblauchzehen, fein gehackt
- 900 g Kartoffeln, gewürfelt
- 1,5 l Gemüsebrühe
- 125 g Chorizo oder andere würzig-scharfe Wurst, in dünne Scheiben geschnitten
- 450 g Grünkohl oder Wirsing, in feine Streifen geschnitten
- Salz und Pfeffer

1 2 Esslöffel Öl in einem großen Topf erhitzen. Zwiebel und Knoblauch darin bei schwacher Hitze unter Rühren 5 Minuten andünsten. Die Kartoffelwürfel zugeben und unter Rühren 3 Minuten dünsten.

2 Die Gemüsebrühe zugießen und bei mittlerer Hitze aufkochen. Dann die Hitze reduzieren, den Topf abdecken und die Suppe 10 Minuten köcheln.

3 In der Zwischenzeit das restliche Öl in einer Pfanne erhitzen. Die Wurst zugeben und bei schwacher Hitze unter gelegentlichem Wenden mehrere Minuten braten, bis das Fett austritt. Mit einem Schaumlöffel herausheben und auf Küchenpapier abtropfen lassen.

4 Die Suppe vom Herd nehmen und die Kartoffeln mit einem Kartoffelstampfer zerkleinern. Die Suppe wieder auf den Herd stellen, den Kohl zugeben und erneut aufkochen. Dann die Hitze reduzieren und die Suppe 5–6 Minuten köcheln, bis der Kohl gar ist.

5 Vom Herd nehmen, die Wurst untermengen und die Suppe mit Salz und Pfeffer abschmecken. In vorgewärmte Suppenschalen geben, mit Öl beträufeln und sofort servieren.

Schottischer Lammtopf

Für 6–8 Personen

Zutaten
- 700 g Lammnacken
- 1,7 l Wasser
- 50 g Perlgraupen
- 2 Zwiebeln, gehackt
- 1 Knoblauchzehe, fein gehackt
- 3 kleine weiße Rüben, klein gewürfelt
- 3 Karotten, in dünne Scheiben geschnitten
- 2 Selleriestangen, in Ringe geschnitten
- 2 Porreestangen, in Ringe geschnitten
- Salz und Pfeffer
- 2 EL frisch gehackte Petersilie, zum Garnieren

1 Das Fleisch von Fett befreien und in kleine Stücke schneiden. In einen großen Topf geben und mit dem Wasser bedecken. Bei mittlerer Hitze zum Kochen bringen und den aufsteigenden Schaum abschöpfen.

2 Die Graupen zufügen, die Hitze reduzieren und Fleisch und Graupen abgedeckt 1 Stunde köcheln.

3 Das vorbereitete Gemüse zugeben, gut salzen und pfeffern, dann alles 1 weitere Stunde köcheln. Vom Herd nehmen und leicht abkühlen lassen.

4 Das Fleisch mit einer Schöpfkelle aus dem Topf nehmen und von den Knochen befreien. Dabei auch restliches Fett und Knorpel entfernen. Das Fleisch wieder in den Topf geben, das Ganze vollständig abkühlen lassen und über Nacht in den Kühlschrank stellen.

5 Am nächsten Tag das abgesetzte Fett von der Oberfläche entfernen. Die Suppe aufwärmen, mit Salz und Pfeffer abschmecken und sehr heiß mit der Petersilie garniert servieren.

Nordafrikanische Harira

Für 6 Personen

Zutaten

- 2 EL Olivenöl
- 250 g mageres Lammfleisch ohne Knochen, gewürfelt
- 1 Zwiebel, gehackt
- 120 g getrocknete Kichererbsen, über Nacht in kaltem Wasser eingeweicht und abgetropft
- 1,5 l Gemüsebrühe
- 120 g rote oder gelbe Linsen
- 2 große Tomaten, gehäutet, entkernt und gehackt
- 1 rote Paprika, gewürfelt
- 1 EL Tomatenmark
- 1 TL Zucker
- 1 TL Zimt
- ½ TL gemahlene Kurkuma
- ½ TL gemahlener Ingwer
- 1 EL frisch gehackter Koriander, plus etwas mehr zum Garnieren
- 1 EL frisch gehackte glatte Petersilie
- 50 g Langkornreis
- Salz und Pfeffer

1 Das Öl in einem großen Topf erhitzen. Das Lammfleisch darin bei mittlerer Hitze unter Rühren 8–10 Minuten leicht anbräunen. Die Hitze reduzieren, die Zwiebel zugeben und unter Rühren 5 Minuten glasig dünsten.

2 Kichererbsen und Gemüsebrühe zugeben und bei mittlerer Hitze aufkochen. Die Hitze reduzieren, den Topf abdecken und die Suppe 2 Stunden köcheln.

3 Linsen, Tomaten, Paprika, Tomatenmark, Zucker, Zimt, Kurkuma, Ingwer, Koriander und Petersilie einrühren und alles 15 Minuten köcheln. Den Reis zufügen und die Suppe 15 Minuten köcheln, bis der Reis gar ist und die Linsen weich sind.

4 Die Suppe mit Salz und Pfeffer abschmecken, in vorgewärmte Schalen geben, mit Koriander garnieren und sofort servieren.

Geflügelcremesuppe

Für 4 Personen

Zutaten

- 40 g Butter
- 4 Schalotten, gehackt
- 1 Porreestange, in Ringe geschnitten
- 450 g Hähnchenbrustfilet, fein gewürfelt
- 600 ml Hühnerbrühe
- 1 EL frisch gehackte Petersilie
- 1 EL frisch gehackter Thymian, plus einige Zweige zum Garnieren
- Salz und Pfeffer
- 175 g Sahne

1 Die Butter bei mittlerer Hitze in einem großen Topf zerlassen. Die Schalotten darin unter Rühren 3 Minuten andünsten. Den Porree hinzugeben und unter Rühren weitere 5 Minuten dünsten. Hühnerfleisch, Brühe und Kräuter hinzugeben und mit Salz und Pfeffer abschmecken.

2 Aufkochen, die Temperatur reduzieren und alles 25 Minuten köcheln, bis das Fleisch zart und gar ist.

3 Vom Herd nehmen und 10 Minuten abkühlen lassen. Die Suppe portionsweise in der Küchenmaschine oder im Standmixer pürieren. Zurück in den Topf geben und bei schwacher Hitze 5 Minuten erwärmen.

4 Die Sahne einrühren und alles weitere 2 Minuten kochen, dann vom Herd nehmen und in Suppenschalen füllen. Mit Thymianzweigen garniert sofort servieren.

Hühnersuppe mit Matzebällchen

Für 4 Personen

Zutaten

- 2 Hühnerviertel
- 2,5 l Gemüsebrühe
- 2 Zwiebeln, gehackt
- 2 Selleriestangen, gehackt
- 2 Karotten, gehackt
- 2 Tomaten, gehäutet und gehackt
- 2 frische Petersilienstängel
- Salz und Pfeffer
- 50 g Vermicelli-Nudeln

Matzebällchen

- 50 g Butter
- ½ Zwiebel, gerieben
- 1 Ei
- 1 Eigelb
- 1 EL fein gehackte frische Petersilie
- 1 EL Wasser
- 120 g zerkrümelte Matzecracker
- Salz und Pfeffer

1 Für die Matzebällchen 1 Esslöffel Butter in einem kleinen Topf zerlassen und die Zwiebel darin bei schwacher Hitze unter gelegentlichem Rühren 5 Minuten glasig dünsten. Vom Herd nehmen und abkühlen lassen.

2 Die restliche Butter in einer Schüssel locker aufschlagen, dann mit Ei und Eigelb verquirlen. Petersilie und Zwiebel zugeben und mit Salz und Pfeffer würzen. Alles gut vermengen, dann das Wasser einrühren und die Matzekrümel gründlich einarbeiten. Abdecken und für 30 Minuten im Kühlschrank ruhen lassen.

3 In der Zwischenzeit das Hühnerfleisch mit der Gemüsebrühe in einen großen Topf geben. Bei mittlerer bis schwacher Hitze aufkochen und den Schaum von der Oberfläche abschöpfen. 15 Minuten köcheln.

4 Zwiebeln, Sellerie, Karotten, Tomaten und Petersilie zugeben und mit Salz und Pfeffer abschmecken. Die Hitze reduzieren und die Suppe abgedeckt 50–60 Minuten köcheln, bis das Fleisch gar ist. In der Zwischenzeit die gesamte Matzemischung zu 18 Bällchen formen.

5 Die Suppe durch ein Sieb in einen sauberen Topf abseihen. Von den Hühnervierteln Haut und Knochen entfernen und das Fleisch in mundgerechte Stücke schneiden. Fleisch, Vermicelli-Nudeln und Matzebällchen zu der Suppe in den Topf geben und abgedeckt 20–30 Minuten sanft köcheln. Sofort servieren.

Hühnersuppe mit Ingwer & Kokosmilch

Für 4 Personen

Zutaten

- 400 g Hähnchenbrust ohne Haut und Knochen, in Streifen geschnitten
- 100 g thailändischer Duftreis
- 1 Stängel Zitronengras, angedrückt
- 4 Knoblauchzehen, grob gehackt
- 2 frische grüne Chillies, entkernt und in Ringe geschnitten
- 4 Kaffir-Limettenblätter, klein gezupft
- 2,5-cm-Stück Ingwerwurzel, gehackt
- 4 EL frisch gehackter Koriander, plus etwas mehr zum Garnieren
- 1,5 l Gemüsebrühe
- 400 ml Kokosmilch
- Salz
- 4 Frühlingszwiebeln, in dünne Ringe geschnitten
- 120 g Babymaiskolben
- 120 g kleine Champignons, halbiert
- 1 frisch gehackte rote Chili, zum Garnieren

1 Hühnerfleisch, Reis, Zitronengras, Knoblauch, Chillies, Limettenblätter, Ingwer und Koriander mit Gemüsebrühe und Kokosmilch in einem Topf bei mittlerer Hitze unter Rühren zum Kochen bringen. Die Hitze reduzieren, den Topf abdecken und die Suppe 1 Stunde köcheln.

2 Vom Herd nehmen und leicht abkühlen lassen. Zitronengras und Limettenblätter entfernen, dann die Suppe portionsweise in der Küchenmaschine oder im Standmixer pürieren.

3 Die Suppe wieder in den ausgespülten Topf geben, mit Salz abschmecken und Frühlingszwiebeln, Mais und Champignons zufügen. Aufkochen, die Hitze reduzieren und die Suppe 5 Minuten köcheln.

4 Vom Herd nehmen, in vorgewärmte Suppenschalen geben, mit Koriander und Chili garnieren und sofort servieren.

Klare Hühnersuppe mit Reis

Für 4 Personen

Zutaten

- 1,5 l Hühnerbrühe
- 2 kleine Karotten, in sehr dünne Scheiben geschnitten
- 1 Selleriestange, fein gewürfelt
- 1 kleiner Porree, längs halbiert und in kleine Stücke geschnitten
- 120 g Erbsen, Tiefkühlware aufgetaut
- 175 g gekochter Reis
- 150 g gekochtes Hühnerfleisch, in Scheiben geschnitten
- 2 TL frisch gehackter Estragon
- 1 EL frisch gehackte Petersilie
- Salz und Pfeffer
- frische Petersilienblätter, zum Garnieren

1 Die Brühe mit Karotten, Sellerie und Porree in einem großen Topf aufkochen. Die Hitze reduzieren und mit schräg aufgelegtem Deckel 10 Minuten köcheln.

2 Erbsen, Reis und Hühnerfleisch einrühren und weitere 10–15 Minuten kochen, bis die Erbsen gar sind.

3 Estragon und Petersilie zugeben, dann die Suppe mit Salz und Pfeffer abschmecken.

4 In vorgewärmte Suppenschalen geben und mit Petersilie garniert servieren.

Hühner-Nudel-Suppe

Für 6 Personen

Zutaten

- 2 EL Pflanzenöl
- 1 Zwiebel, gehackt
- 2 Selleriestangen, gehackt
- 3 Karotten, gewürfelt
- 1 frischer Thymianzweig
- Salz und Pfeffer
- 1,5 l Hühnerbrühe
- 400 g Hähnchenbrustfilet, in 1 cm große Würfel geschnitten
- 50 g dünne asiatische Eiernudeln, in Stücke gebrochen
- 3 EL frisch gehackte glatte Petersilie, zum Garnieren

1 Das Öl bei mittlerer Hitze in einem großen Topf erwärmen. Zwiebel, Sellerie, Karotten und Thymian zugeben und mit Salz und Pfeffer würzen. Den Topf abdecken und alles unter gelegentlichem Rühren 7 Minuten weich dünsten.

2 Die Brühe zugießen und zum Kochen bringen. Die Hitze reduzieren, den Topf halb abdecken und alles etwa 15 Minuten köcheln, bis das Gemüse weich ist.

3 Hähnchenfleisch und Nudeln einrühren und alles zum Kochen bringen. Etwa 10 Minuten köcheln, bis Fleisch und Nudeln gar sind.

4 Die Suppe mit Salz und Pfeffer abschmecken und auf vorgewärmte Suppenteller verteilen. Mit der Petersilie garnieren und sofort servieren.

Mulligatawny-Suppe

Für 4–6 Personen

Zutaten

- 50 g Butter
- 2 Zwiebeln, fein gehackt
- 1 kleine weiße Rübe, fein gewürfelt
- 2 Karotten, in dünne Scheiben geschnitten
- 1 Apfel, geschält, entkernt und gehackt
- 2 EL mildes Currypulver
- 1,2 l Hühnerbrühe
- Saft von ½ Zitrone
- Salz und Pfeffer
- 175 g gekochtes Hühnerfleisch, in kleine Stücke geschnitten
- 2 EL frisch gehackter Koriander, plus etwas mehr zum Garnieren
- 50 g gekochter Reis, zum Servieren

1 Die Butter bei mittlerer Hitze in einem großen Topf zerlassen. Die Zwiebeln darin glasig dünsten, aber nicht bräunen.

2 Weiße Rübe, Karotten und Apfel zugeben und weitere 3–4 Minuten dünsten.

3 Das Currypulver einrühren, bis das Gemüse rundum überzogen ist, dann die Brühe zugießen. Aufkochen, abdecken und rund 45 Minuten köcheln. Den Zitronensaft einrühren, dann mit Salz und Pfeffer abschmecken.

4 Die Suppe in der Küchenmaschine oder im Standmixer pürieren und zurück in den ausgespülten Topf geben. Fleisch und Koriander hinzugeben und alles durchwärmen.

5 Den Reis auf die Suppenschalen verteilen und die Suppe darüberschöpfen. Mit Koriander garniert servieren.

Linsensuppe mit Pute

Für 4 Personen

Zutaten
- 1 EL Olivenöl
- 1 Knoblauchzehe, gehackt
- 1 große Zwiebel, gehackt
- 200 g Champignons, in Scheiben geschnitten
- 1 rote Paprika, gehackt
- 6 Tomaten, gehäutet, entkernt und gehackt
- 1,2 l Hühnerbrühe
- 150 ml Rotwein
- 80 g Blumenkohlröschen
- 1 Karotte, geschält und gehackt
- 200 g rote Linsen
- Salz und Pfeffer
- 350 g gekochtes Putenfleisch, in kleine Stücke geschnitten
- 1 Zucchini, gehackt
- 1 EL frisch gehacktes Basilikum
- frisches, knuspriges Brot, zum Servieren

1 Das Öl in einem großen Topf erhitzen. Knoblauch und Zwiebel darin unter Rühren glasig dünsten. Champignons, Paprika und Tomaten zugeben und unter Rühren 5 Minuten mitdünsten. Brühe und Rotwein zugießen, dann Blumenkohl, Karotte und Linsen hineingeben. Mit Salz und Pfeffer abschmecken.

2 Aufkochen, dann die Temperatur reduzieren und das Gemüse etwa 20 Minuten köcheln, bis es gar ist.

3 Fleisch und Zucchini in den Topf geben und 10 Minuten köcheln. Das gehackte Basilikum einrühren und 5 Minuten stehen lassen, dann die Suppe vom Herd nehmen und in Suppenschalen füllen. Frisches, knuspriges Brot dazu reichen.

Putensuppe mit Gorgonzola

Für 4 Personen

Zutaten

- 50 g Butter
- 1 große Zwiebel, gehackt
- 1 Porree, in Ringe geschnitten
- 350 g gekochtes Putenfleisch, in Scheiben geschnitten
- 600 ml Hühnerbrühe
- 150 g Gorgonzola oder ein anderer Blauschimmelkäse, zerkrümelt
- 150 g Sahne
- 1 EL frisch gehackter Estragon, plus einige Blätter zum Garnieren
- Pfeffer
- Croûtons, zum Servieren

1 Die Butter bei mittlerer Hitze in einem Topf zerlassen. Die Zwiebel darin unter Rühren 4 Minuten andünsten. Den Porree zugeben und 3 Minuten mitdünsten.

2 Fleisch und Brühe in den Topf geben. Aufkochen, die Temperatur reduzieren und unter gelegentlichem Rühren 15 Minuten köcheln. Vom Herd nehmen und leicht abkühlen lassen.

3 Die Hälfte der Suppe in der Küchenmaschine oder im Standmixer pürieren. Zurück zur übrigen Suppe geben, Käse, Sahne und Estragon einrühren und die Suppe pfeffern. Unter Rühren wieder sanft erhitzen.

4 Vom Herd nehmen, in vorgewärmte Suppenschalen füllen, mit Estragonblättern garnieren und mit Croûtons servieren.

Asiatische Entensuppe

Für 4 Personen

Zutaten

- 2 Entenkeulen ohne Haut
- 1 l Wasser
- 600 ml Hühnerbrühe
- 2,5-cm-Stück Ingwerwurzel, in Scheiben geschnitten
- 1 große Karotte, in Scheiben geschnitten
- 1 Zwiebel, in Ringe geschnitten
- 1 Porree, in Ringe geschnitten
- 3 Knoblauchzehen, zerdrückt
- 1 TL schwarze Pfefferkörner
- 2 EL Sojasauce, oder nach Belieben
- 1 kleine Karotte, in dünne Streifen geschnitten
- 1 kleiner Porree, in dünne Streifen geschnitten
- 100 g Shiitake-Pilze, in dünne Scheiben geschnitten
- 25 g Brunnenkresse
- Salz und Pfeffer

1 Die Entenkeulen mit dem Wasser in einen Topf geben. Aufkochen und den aufsteigenden Schaum abschöpfen. Brühe, Ingwer, Karotte, Zwiebel, Porree, Knoblauch, Pfefferkörner und Sojasauce zufügen. Die Hitze reduzieren, den Topf halb abdecken und alles etwa 1½ Stunden köcheln.

2 Die Entenkeulen aus der Suppe nehmen und beiseitestellen. Wenn sie etwas abgekühlt sind, das Fleisch von den Knochen lösen und in mundgerechte Stücke schneiden. Alles sichtbare Fett entfernen.

3 Die Brühe durch ein Sieb passieren, die Siebrückstände wegwerfen. Das Fett von der Brühe abschöpfen.

4 Die Brühe zurück in den ausgespülten Topf gießen und aufkochen. Karotten- und Porreestreifen, Entenfleisch und Pilze zugeben. Die Hitze reduzieren und 5 Minuten leicht kochen, bis das Gemüse gerade weich ist.

5 Die Brunnenkresse zufügen und 1–2 Minuten sanft köcheln, bis die Blätter zusammenfallen. Die Brühe mit Salz und Pfeffer abschmecken und nach Belieben mit Sojasauce nachwürzen. Auf vorgewärmte Suppenschalen verteilen und sofort servieren.

Kapitel 5
Fisch- & Meeresfrüchtesuppen

Bouillabaisse

Für 8 Personen

Zutaten

- 1 kg gemischte feste weiße Fischfilets mit Haut, z. B. Snapper, Rotbarbe, Meeräsche oder Seeteufel, Gräten entfernt und abgespült
- 500 g Miesmuscheln, abgebürstet und Bärte entfernt
- 100 ml Olivenöl
- 2 Zwiebeln, fein gehackt
- 1 Fenchelknolle, fein gehackt
- 4 Knoblauchzehen, zerdrückt
- 1,2 kg gehackte Tomaten aus der Dose
- 1,5 l Fischfond
- 1 Prise Safranfäden
- abgeriebene Schale von 1 Orange
- 1 Bouquet garni
- 500 g gegarte Garnelen mit Schalen
- Salz und Pfeffer
- frisches Baguette, zum Servieren

Rouille

- 30 g frische Semmelbrösel, in 1 EL Wasser eingeweicht
- 3 Knoblauchzehen, grob gehackt
- 1 Eigelb
- 1 frische rote Chili, entkernt und gehackt
- ½ TL Salz
- 175 ml Olivenöl

1 Für das Rouille Semmelbrösel, Knoblauch, Eigelb, Chili und Salz in der Küchenmaschine oder dem Standmixer zu einer Paste verarbeiten. Das Öl in einem dünnen Strahl nach und nach bei laufendem Motor zugießen, bis die Paste die Konsistenz einer Mayonnaise angenommen hat. In eine Schüssel füllen und bis zur Verwendung in den Kühlschrank stellen.

2 Die Fischfilets in mundgerechte Stücke schneiden. Von den Muscheln alle beschädigten Exemplare und solche, die sich beim Antippen nicht öffnen, wegwerfen.

3 Das Öl bei mittlerer Hitze in einem großen Topf erwärmen. Zwiebeln und Fenchel zugeben und etwa 15 Minuten weich dünsten. Den Knoblauch einrühren und 2 Minuten mitdünsten. Die Tomaten zufügen und weitere 2 Minuten garen. Dann Brühe, Safran, Orangenschale und Bouquet garni einrühren und alles zum Kochen bringen. Etwa 15 Minuten köcheln.

4 Fischstücke, Muscheln und Garnelen zugeben und den Topf abdecken. Alles 5–10 Minuten köcheln, bis die Muscheln sich geöffnet haben. Exemplare, die sich nicht öffnen, aussortieren und wegwerfen. Die Suppe mit Salz und Pfeffer abschmecken und vom Herd nehmen.

5 Die Suppe auf vorgewärmte Suppenschalen verteilen und je 1 Esslöffel Rouille darübergeben. Sofort mit frischem Baguette servieren.

Mediterrane Fischsuppe mit Aioli

Für 4 Personen

Zutaten
- 2 kg gemischte, weiße Fische, z. B. Knurrhahn, Snapper, Zackenbarsch und Schellfisch, filettiert, Köpfe, Gräten und Flossen zurückbehalten
- 2 EL Weißweinessig
- 2 EL Zitronensaft
- 1,7 l Gemüsebrühe
- 2 TL Kräuter der Provence
- 2 Lorbeerblätter
- 4 Eigelb
- Salz und Pfeffer
- getoastetes Krustenbrot, zum Servieren

Aioli
- 4 Knoblauchzehen
- Salz
- 2 Eigelb
- 125 ml natives Olivenöl extra
- 125 ml Sonnenblumen- oder Distelöl
- 1–2 EL Zitronensaft

1 Die Kiemen von den Fischköpfen entfernen. Die Fischfilets in Stücke schneiden. Gräten, Köpfe und Flossen mit Essig, der Hälfte des Zitronensafts und Gemüsebrühe in einen Topf geben. Kräuter und Lorbeerblätter zugeben, alles aufkochen und mit Salz abschmecken. Die Hitze reduzieren und die Suppe 30 Minuten köcheln.

2 In der Zwischenzeit für das Aioli den Knoblauch mit einer Prise Salz in einem Mörser zerstoßen. Zusammen mit dem Eigelb in eine Schüssel geben und mit dem Handrührgerät cremig rühren. Die zwei Ölsorten in einem Becher mischen und nach und nach in die Eimischung rühren. Sobald die Hälfte des Öls verarbeitet ist, den Rest unter ständigem Rühren in einem dünnen, stetigen Strahl zugießen. Mit dem Zitronensaft auf die gewünschte Konsistenz verdünnen. Das Aioli in eine Sauciere geben und abgedeckt beiseitestellen.

3 Die Suppe durch ein Sieb in eine Schüssel abseihen und die Rückstände wegwerfen. Die Suppe abmessen und bei Bedarf mit etwas Wasser auf 1,7 Liter auffüllen. Wieder in den Topf geben.

4 Das Eigelb mit dem restlichen Zitronensaft in einer Schüssel verquirlen und in die Suppe rühren. Die Fischstücke vorsichtig untermengen und bei schwacher Hitze 7–8 Minuten ziehen lassen, bis sie gar sind und die Suppe angedickt ist. (Die Suppe darf nicht mehr aufkochen.) In eine vorgewärmte Terrine füllen und sofort mit Aioli und getoastetem Brot servieren.

Genueser Fischsuppe

Für 4 Personen

Zutaten

- 25 g Butter
- 1 Zwiebel, gehackt
- 1 Knoblauchzehe, fein gehackt
- 50 g Speck ohne Schwarte, gewürfelt
- 2 Selleriestangen, gehackt
- 400 g gehackte Tomaten aus der Dose
- 150 ml trockener Weißwein
- 300 ml Fischfond
- 4 frische Basilikumblätter, klein gezupft
- 2 EL frisch gehackte glatte Petersilie
- Salz und Pfeffer
- 450 g weißes Fischfilet, z. B. Kabeljau oder Seeteufel, ohne Haut und gehackt
- 120 g gegarte Garnelen, ausgelöst

1 Butter in einem großen Topf zerlassen und Zwiebel und Knoblauch darin bei schwacher Hitze unter gelegentlichem Rühren 5 Minuten glasig dünsten.

2 Speck und Sellerie zugeben und unter häufigem Rühren 2 Minuten mitdünsten.

3 Tomaten, Wein, Fond, Basilikum und die Hälfte der Petersilie in den Topf geben. Mit Salz und Pfeffer abschmecken. Kurz aufkochen, die Hitze reduzieren und etwa 10 Minuten köcheln.

4 Den Fisch zugeben und 5 Minuten kochen. Die Garnelen zugeben und 3 Minuten sanft erwärmen.

5 Die Suppe in vorgewärmte Suppenschalen füllen, mit der restlichen Petersilie garnieren und sofort servieren.

Fischsuppe mit Süßkartoffeln

Für 6 Personen

Zutaten

- 350 g weißes Fischfilet
- 250 g Süßkartoffeln, gewürfelt
- 1 Zwiebel, gehackt
- 2 Karotten, gewürfelt
- ½ TL Zimt
- 1,7 l Gemüsebrühe
- 400 g Venusmuscheln
- 150 ml trockener Weißwein
- 250 g Sahne
- Salz und Pfeffer
- frisch gehackte glatte Petersilie, zum Garnieren
- natives Olivenöl extra, zum Beträufeln

1 Fisch, Süßkartoffeln, Zwiebel, Karotten und Zimt in einen Topf geben, 1 Liter Gemüsebrühe zugießen und aufkochen. Die Hitze reduzieren, den Topf abdecken und die Suppe 30 Minuten köcheln.

2 In der Zwischenzeit die Muscheln unter fließend kaltem Wasser abbürsten und alle beschädigten Exemplare sowie solche, die sich beim Antippen nicht sofort schließen, wegwerfen. Die restlichen Muscheln in den Topf geben, den Wein zugießen und abgedeckt bei starker Hitze 3–5 Minuten kochen, bis die Muscheln geöffnet sind. Dabei den Topf gelegentlich rütteln. Vom Herd nehmen, die Muscheln herausheben und den Kochsud zurückbehalten. Alle geschlossenen Exemplare wegwerfen und den Kochsud durch ein feines Sieb in eine Schüssel gießen.

3 Fisch und Gemüse vom Herd nehmen und leicht abkühlen lassen, dann die Mischung portionsweise in der Küchenmaschine oder im Standmixer glatt pürieren.

4 Die Suppe wieder in den Topf geben, die restliche Brühe und den Muschelsud zugießen und aufkochen. Die Hitze reduzieren und nach und nach die Sahne einrühren. Die Suppe darf nun nicht mehr aufkochen. Die Muscheln zugeben, mit Salz und Pfeffer abschmecken und unter Rühren 2 Minuten köcheln, bis die Suppe heiß ist. Mit Petersilie garnieren, mit Öl beträufeln und sofort servieren.

Fischsuppe mit Miso

Für 4 Personen

Zutaten

- 850 ml Fischfond oder Gemüsebrühe
- 2,5-cm-Stück Ingwerwurzel, gerieben
- 1 EL Mirin oder trockener Sherry
- 1 frische Vogelaugenchili, entkernt und gehackt
- 1 Karotte (80 g), in feine Scheiben geschnitten
- 50 g Daikon (japanischer Rettich), in feine Streifen geschnitten
- 1 gelbe Paprika, in feine Streifen geschnitten
- 80 g Shiitake-Pilze, in Scheiben geschnitten
- 40 g asiatische Eierfadennudeln
- 250 g Seezungenfilet ohne Haut, in Streifen geschnitten
- 1 EL Miso
- 4 Frühlingszwiebeln, in feine Streifen geschnitten

1 Die Brühe in einem großen Topf erhitzen und Ingwer, Mirin und Chili zufügen. Aufkochen lassen, dann die Hitze reduzieren und 5 Minuten köcheln.

2 Karotte, Daikon, Paprika, Pilze und Nudeln zugeben und 3 Minuten kochen.

3 Fischstreifen und Miso zufügen und das Ganze 2 Minuten köcheln, bis der Fisch gar ist. Dann die Suppe auf 4 Teller verteilen, mit den Frühlingszwiebeln bestreuen und heiß servieren.

Fischsuppe mit gegrillten Paprika & Harissa

Für 4–6 Personen

Zutaten

- 2 rote oder orangefarbene Paprika
- 2–3 EL Olivenöl
- 1 Zwiebel, fein gehackt
- 2–3 Knoblauchzehen, fein gehackt
- 1–2 TL Harissa (scharfe, orientalische Gewürzpaste)
- 1 kleines Bund frische glatte Petersilie, fein gehackt
- 850 ml Fischfond
- 175 ml Weißwein oder trockener Sherry (nach Belieben)
- 400 g gehackte Tomaten aus der Dose, abgetropft
- 1 kg festes weißes Fischfilet, z.B. Kabeljau, Schellfisch, Barsch, Meeräsche und/oder Snapper, in großen Stücken (nach Belieben auch Krustentiere zugeben)
- Salz und Pfeffer
- frisch gehackter Koriander, zum Garnieren
- frisches Brot, zum Servieren

1 Den Backofen- oder Holzkohlegrill vorheizen. Die Paprika auf ein Backblech bzw. auf den Grillrost legen und unter mehrmaligem Wenden 6–8 Minuten grillen, bis die Haut Blasen wirft und anfängt, schwarz zu werden. Die Paprika in einen Gefrierbeutel geben und 5 Minuten schwitzen lassen. Dann an den Stielen anfassen und unter fließend kaltem Wasser die Haut abziehen. Die Paprika auf ein Schneidebrett legen, Kerne und Stiel entfernen und das Fleisch in dicke Streifen schneiden. Beiseitestellen.

2 Das Öl in einer Kasserolle oder einem großen Topf erhitzen. Zwiebel und Knoblauch zugeben und bei mittlerer Hitze unter Rühren 2–3 Minuten weich dünsten. Harissa und Petersilie zufügen, kurz anbraten, dann alles mit dem Fond ablöschen.

3 Zum Kochen bringen, die Hitze reduzieren und alles 10 Minuten köcheln.

4 Nach Belieben Weißwein und die Tomaten einrühren. Dann Fisch- und Paprikastücke zufügen und alles erneut aufkochen. Die Hitze reduzieren und die Suppe mit Salz und Pfeffer würzen. Etwa 5 Minuten köcheln, bis die Fischstücke gar sind. Die Suppe auf vorgewärmte Servierteller verteilen und mit Koriander garnieren. Sofort mit frischem Brot servieren.

Fisch-Kartoffel-Suppe

Für 4–6 Personen

Zutaten

- 500 g geräucherter, weißer Fisch, z. B. Schellfisch
- 1 große Zwiebel, gehackt
- 4 frische Petersilienstängel
- 1,3 l Gemüsebrühe
- 750 g Kartoffeln, grob gewürfelt
- 50 g Butter
- 850 ml Milch
- Salz und Pfeffer
- frisch gehackte glatte Petersilie, zum Garnieren
- knuspriges Brot, zum Servieren

1 Fisch, Zwiebel und Petersilienstängel in einen großen Topf geben, die Gemüsebrühe zugießen und zum Kochen bringen. Den Schaum, der sich auf der Oberfläche bildet, abschöpfen. Die Hitze reduzieren, den Topf abdecken und die Suppe 10 Minuten köcheln, bis der Fisch sich leicht zerteilen lässt.

2 Vom Herd nehmen und den Fisch mit einem Schaumlöffel herausheben. Haut und Gräten entfernen und das Fleisch mit einer Gabel in mundgerechte Stücke zerteilen. Die Suppe durch ein Sieb in einen sauberen Topf abseihen.

3 Die Suppe wieder auf den Herd stellen, die Kartoffeln zugeben und aufkochen. Dann die Hitze reduzieren und die Suppe 20–30 Minuten köcheln, bis die Kartoffeln gar sind.

4 Den Topf vom Herd nehmen, die Kartoffeln mit einem Schaumlöffel in eine Schüssel geben und mit der Butter zu einem geschmeidigen Püree zerstampfen.

5 Die Suppe wieder auf den Herd stellen, die Milch zugießen und aufkochen. Das Kartoffelpüree löffelweise einrühren. Den Fisch vorsichtig untermengen und alles mit Salz und Pfeffer abschmecken. In vorgewärmte Schalen geben, mit Petersilie garnieren und sofort mit knusprigem Brot servieren.

Lachssuppe mit Porree

Für 4 Personen

Zutaten

- 1 EL Olivenöl
- 1 große Zwiebel, fein gehackt
- 3 große Porreestangen mit Grün, in dünne Ringe geschnitten
- 1 Kartoffel, fein gewürfelt
- 450 ml Fischfond
- 700 ml Wasser
- 1 Lorbeerblatt
- Salz und Pfeffer
- 300 g Lachsfilet ohne Haut, in 1 cm dicke Würfel geschnitten
- 80 g Sahne
- frischer Zitronensaft (nach Belieben)
- frischer Kerbel oder frische glatte Petersilie, zum Garnieren

1 Das Öl bei mittlerer Hitze in einem Topf erwärmen. Zwiebel und Porree zugeben und etwa 3 Minuten andünsten. Gelegentlich umrühren.

2 Kartoffel, Fond, Wasser, Lorbeerblatt und eine kräftige Prise Salz zufügen, dann aufkochen. Die Hitze reduzieren und bei geschlossenem Deckel 25 Minuten köcheln, bis das Gemüse weich ist. Gelegentlich umrühren. Das Lorbeerblatt entfernen.

3 Die Suppe leicht abkühlen lassen, dann portionsweise in der Küchenmaschine, im Standmixer oder mit dem Pürierstab glatt pürieren. Die Suppe zurück in den Topf geben, umrühren und bei geringer Hitze einige Minuten gründlich durchwärmen.

4 Den Lachs salzen, pfeffern und in die Suppe geben. Weitere 5 Minuten leicht kochen, bis der Fisch gar ist und zu zerfallen beginnt. Dabei gelegentlich rühren. Die Sahne einrühren, die Suppe mit Pfeffer und Salz sowie nach Belieben mit Zitronensaft abschmecken. In vorgewärmte Suppenschalen füllen, mit Kerbel garnieren und servieren.

Japanische Lachssuppe

Für 4 Personen

Zutaten
- 1 l Fischfond oder Gemüsebrühe
- 1 große Knoblauchzehe
- ½ TL helle Sojasauce
- 4 Lachsfilets à 150 g, ohne Haut
- Erdnuss- oder Sonnenblumenöl, zum Einfetten
- 140 g Ramen oder andere dünne asiatische Eiernudeln
- 100 g Babyspinat
- 4 Frühlingszwiebeln, gehackt

Teriyaki-Glasur
- 2½ EL Sake
- 2½ EL dunkle Sojasauce
- 2 EL Mirin (japanischer Reiswein) oder süßer Sherry
- ½ EL brauner Zucker
- ½ Knoblauchzehe, sehr fein gehackt
- 0,5-cm-Stück Ingwerwurzel, sehr fein gehackt

Zum Garnieren
- 100 g frische Bohnensprossen
- 1 frische grüne Chili, entkernt und in Ringen
- frische Korianderblätter

1 Den Backofengrill vorheizen. Fond, Knoblauchzehe und helle Sojasauce in einen großen Topf geben und aufkochen lassen, dann den Topf vom Herd nehmen.

2 Für die Teriyaki-Glasur alle Zutaten in einer Schüssel verrühren und je eine Seite der Lachsfilets damit bestreichen. Den Grillrost mit etwas Öl bestreichen und eine Fettpfanne darunterschieben. Die Lachsfilets mit der glasierten Seite nach oben auf den Rost legen und etwa 4 Minuten grillen; sie sollten gar und in der Mitte noch leicht rosa sein. Vom Rost nehmen und beiseitestellen.

3 Die Nudeln in einem Topf mit kochendem Salzwasser etwa 5 Minuten oder nach Packungsanweisung garen.

4 Die Knoblauchzehe aus dem Fond entfernen und diesen erneut aufkochen. Spinat und Frühlingszwiebeln zugeben und so lange köcheln, bis der Spinat in sich zusammenfällt. Spinat und Frühlingszwiebeln mit einem Schaumlöffel aus dem Fond heben und auf vorgewärmte Suppenschalen verteilen. Die Nudeln darübergeben und je 1 Lachsfilet darauflegen. Nun die Schalen vorsichtig mit dem Fond auffüllen.

5 Die Suppenportionen mit Bohnensprossen, Chiliringen und Korianderblättern garnieren und sofort servieren.

Süßsaure Garnelensuppe

Für 2 Personen

Zutaten

- 300 g rohe Garnelen, ausgelöst
- 2 TL Pflanzenöl
- 2 frische rote Chillies, in Ringe geschnitten
- 1 Knoblauchzehe, in Scheiben geschnitten
- 750 ml Fischfond
- 4 dünne Scheiben Ingwerwurzel
- 2 Zitronengrasstängel, fein gehackt
- 5 Kaffir-Limettenblätter, in Streifen geschnitten
- 2 TL Palm- oder brauner Zucker
- 1 EL Chiliöl
- 1 Handvoll frische Korianderblätter
- 1 Spritzer Limettensaft

1 Die Garnelen ohne Fett in einem Wok fast gar braten. Herausnehmen und beiseitestellen.

2 Das Öl im Wok erhitzen, Chillies und Knoblauch zufügen und 30 Sekunden pfannenrühren.

3 Fond, Ingwer, Zitronengras, Limettenblätter und Zucker zufügen und etwa 4 Minuten köcheln. Garnelen, Chiliöl und Koriander zugeben und das Ganze weitere 2 Minuten garen.

4 Den Limettensaft unterrühren und die Suppe sofort servieren.

Laksa

Für 4 Personen

Zutaten

- 1 EL Sonnenblumenöl
- 2–3 Knoblauchzehen, in dünne Scheiben geschnitten
- 1–2 frische rote Thai-Chillies, entkernt und in Ringe geschnitten
- 2 Zitronengrasstängel, ohne die äußeren Blätter, gehackt
- 2,5-cm-Stück Ingwerwurzel, gerieben
- 1,2 l Fischfond oder Gemüsebrühe
- 350 g große rohe Garnelen, ausgelöst, aber Schwanzenden intakt
- 120 g Shiitake-Pilze, in Scheiben geschnitten
- 1 große Karotte, geraspelt
- 50 g asiatische Eiernudeln (nach Belieben)
- 1–2 TL thailändische Fischsauce
- 1 EL frisch gehackter Koriander

1 Das Öl in einem großen Topf bei mittlerer Hitze erwärmen. Knoblauch, Chillies, Zitronengras und Ingwer darin unter Rühren 5 Minuten dünsten. Fond zugeben, aufkochen, dann die Hitze reduzieren und alles 5 Minuten köcheln.

2 Garnelen, Pilze und Karotte zugeben. Nach Belieben die Eiernudeln in kleine Stücke brechen, in den Topf geben und die Suppe weitere 5 Minuten köcheln, bis die Garnelen rosa und die Nudeln gar sind.

3 Fischsauce und Koriander unterrühren und die Suppe vor dem Servieren noch 1 Minute erhitzen. In vorgewärmte Suppenschalen geben, mit Koriander garnieren und sofort servieren.

Schnelle Muschelsuppe mit Nudeln

Für 6 Personen

Zutaten

- 500 g ausgelöste Jakobsmuscheln
- Salz und Pfeffer
- 350 ml Milch
- 1,5 l Gemüsebrühe
- 250 g feine Erbsen, Tiefkühlware aufgetaut
- 175 g Taglialini (sehr dünne Bandnudeln)
- 70 g Butter
- 2 Frühlingszwiebeln, fein gehackt
- 175 ml trockener Weißwein
- 3 Scheiben Prosciutto, in dünne Streifen geschnitten
- frisch gehackte glatte Petersilie, zum Garnieren

1 Die Muscheln quer halbieren und mit Salz und Pfeffer würzen.

2 Milch und Gemüsebrühe mit einer Prise Salz in einen Topf geben und aufkochen. Erbsen und Nudeln zugeben, alles nochmals aufkochen und 8–10 Minuten garen, bis die Nudeln al dente sind.

3 In der Zwischenzeit die Butter in einem kleinen Topf zerlassen. Die Frühlingszwiebeln darin bei schwacher Hitze unter Rühren 3 Minuten andünsten. Die Muscheln zugeben und von jeder Seite 45 Sekunden anbraten. Wein und Prosciutto zugeben und 2–3 Minuten kochen.

4 Die Muschelmischung in die Suppe rühren, abschmecken und mit Petersilie garnieren. Sofort servieren.

Manhattan Clam Chowder

Für 6 Personen

Zutaten

- 1 TL Sonnenblumenöl
- 120 g gepökeltes Schweinefleisch oder ungeräucherter Speck, gewürfelt
- 1 Zwiebel, fein gehackt
- 2 Selleriestangen, klein gehackt
- 4 Tomaten, gehäutet, entkernt und gehackt
- 3 Kartoffeln, gewürfelt
- 1 Prise getrockneter Thymian
- 3 EL frisch gehackte Petersilie
- Salz und Pfeffer
- 150 ml Tomatensaft
- 600 ml Gemüsebrühe
- 36 Venusmuscheln
- 150 ml trockener Weißwein
- knuspriges Brot, zum Servieren

1 Das Öl in einem Topf erhitzen. Das Fleisch darin bei mittlerer Hitze unter häufigem Rühren 6–8 Minuten leicht anbräunen. Mit einem Schaumlöffel aus dem Topf heben.

2 Zwiebel und Sellerie in den Topf geben und bei schwacher Hitze unter gelegentlichem Rühren 5 Minuten andünsten. Tomaten, Kartoffeln, Thymian und Petersilie dazugeben.

3 Das angebratene Fleisch in den Topf geben, mit Salz und Pfeffer würzen, dann Tomatensaft und Gemüsebrühe zugießen. Bei mittlerer Hitze unter Rühren aufkochen, dann die Hitze reduzieren und die Suppe abgedeckt 15–20 Minuten köcheln, bis die Kartoffeln weich sind.

4 In der Zwischenzeit die Muscheln unter fließend kaltem Wasser abbürsten. Alle beschädigten Exemplare sowie solche, die sich beim Antippen nicht sofort schließen, wegwerfen. Die restlichen Muscheln mit dem Wein in einen Topf geben und abgedeckt bei starker Hitze 4–5 Minuten kochen, bis die Muscheln geöffnet sind. Dabei den Topf gelegentlich rütteln.

5 Die Muscheln herausheben und leicht abkühlen lassen. Nicht geöffnete Muscheln wegwerfen. Den Kochsud durch ein mit Musselin ausgelegtes Sieb in die Suppe abseihen. Die geöffneten Muscheln auslösen.

6 In die Suppe geben und unter Rühren 2–3 Minuten erwärmen. Bei Bedarf erneut abschmecken, dann in Schalen geben und sofort mit Brot servieren.

Cremige Clam Chowder

Für 4 Personen

Zutaten

- 900 g Venusmuscheln
- 60 g Speckwürfel
- 25 g Butter
- 1 Zwiebel, gehackt
- 1 EL frisch gehackter Thymian
- 1 große Kartoffel, gewürfelt
- 300 ml Milch
- 1 Lorbeerblatt
- 375 g Sahne
- Salz und Pfeffer
- 1 EL frisch gehackte Petersilie

1 Die Muscheln gründlich abbürsten und mit etwas Wasser in einen großen Topf geben. Bei hoher Temperatur 3–4 Minuten garen, bis sie sich öffnen. Geschlossene Muscheln aussortieren. Den Kochsud durch ein Sieb gießen und auffangen. Die Muscheln etwas abkühlen lassen. 8 schöne Muscheln zum Garnieren beiseitelegen.

2 Die Muscheln aus den Schalen lösen. Große Muscheln durchschneiden. Beiseitestellen.

3 In einem zweiten Topf die Speckwürfel knusprig braun braten. Auf Küchenpapier abtropfen lassen. Die Butter in dem Topf zerlassen und die Zwiebel darin etwa 4–5 Minuten glasig dünsten. Den Thymian kurz mitdünsten, dann Kartoffelwürfel, aufgefangenen Muschelsud, Milch und Lorbeerblatt zufügen. Aufkochen und etwa 10 Minuten köcheln, bis die Kartoffel gar ist.

4 Das Lorbeerblatt entfernen. Die Suppe glatt pürieren oder durch ein Sieb passieren. Muscheln, Speck und Sahne zufügen. Die Suppe 2–3 Minuten erwärmen. Mit Salz und Pfeffer abschmecken.

5 Mit der gehackten Petersilie bestreuen, mit den beiseitegelegten Muscheln garnieren und servieren.

Muschelsuppe

Für 6 Personen

Zutaten
- 48 Miesmuscheln
- 1 Zwiebel, fein gehackt
- 2 EL frisch gehackte glatte Petersilie
- 2 Lorbeerblätter
- Salz und Pfeffer
- 250 ml trockener Cidre
- 50 g Butter
- 2 Selleriestangen, gehackt
- 2 Porree, in dünne Ringe geschnitten
- 600 ml Milch
- 40 g Mehl
- 600 ml Gemüsebrühe
- 1 Prise frisch geriebene Muskatnuss
- ½ TL Fenchelsamen
- 250 g Sahne
- Vollkornbrot, zum Servieren

1 Die Muscheln unter fließend kaltem Wasser abbürsten und die Bärte entfernen. Beschädigte Muscheln sowie Exemplare, die sich beim Antippen nicht sofort schließen, wegwerfen. Zwiebel, Petersilie und Lorbeerblätter in einen großen Topf geben, die Muscheln darauf verteilen, mit Pfeffer würzen und mit Cidre übergießen. Abdecken und bei starker Hitze 4–5 Minuten kochen, bis die Muscheln sich öffnen. Dabei den Topf gelegentlich rütteln.

2 Vom Herd nehmen und die Muscheln herausheben. Nicht geöffnete Muscheln wegwerfen. Die Muscheln aus den Schalen lösen. Den Kochsud durch ein Sieb in eine Schüssel abseihen.

3 Die Butter in einem Topf zerlassen. Sellerie und Porree darin bei schwacher Hitze unter Rühren 8 Minuten goldbraun dünsten. In der Zwischenzeit die Milch in einem separaten Topf aufkochen und sofort vom Herd nehmen.

4 Das Mehl über das Gemüse streuen und unter ständigem Rühren 2 Minuten anschwitzen. Nach und nach die heiße Milch zugießen. Dann die Gemüsebrühe einrühren. Unter ständigem Rühren aufkochen, dann die Hitze reduzieren und die Suppe 15 Minuten köcheln.

5 Den Topf vom Herd nehmen, die Suppe in eine Schüssel abseihen. Dann wieder in den ausgespülten Topf geben und den Muschelsud zugießen. Muskatnuss, Fenchelsamen und Muscheln zufügen und die Suppe abschmecken. Wieder auf den Herd stellen und die Sahne einrühren. Die Suppe einige Minuten sanft erhitzen, aber nicht mehr aufkochen. In vorgewärmte Schalen geben und mit Brot servieren.

Karotten-Muschel-Suppe

Für 4–6 Personen

Zutaten
- 1 kg Karotten
- 100 g Butter
- 1 TL Zucker
- 1,3 l Gemüsebrühe
- Salz und Pfeffer
- 48 Miesmuscheln
- 300 ml trockener Weißwein
- 1 Knoblauchzehe, grob gehackt
- 2 EL frisch gehackte glatte Petersilie, zum Garnieren
- Vollkornbrötchen, zum Servieren

1 3 Karotten beiseitelegen, den Rest in Scheiben schneiden. 50 g Butter in einem großen Topf zerlassen und die Karottenscheiben darin mit der Hälfte des Zuckers bei schwacher Hitze unter Rühren 5 Minuten dünsten. Die Brühe zugießen, abschmecken und bei mittlerer Hitze aufkochen lassen.

2 Die Hitze reduzieren und die Suppe abgedeckt unter Rühren 25 Minuten köcheln. In der Zwischenzeit die restlichen Karotten fein würfeln. Die restliche Butter in einem kleinen Topf zerlassen. Die Karottenwürfel mit dem restlichen Zucker darin bei schwacher Hitze unter gelegentlichem Rühren 10 Minuten dünsten, dann vom Herd nehmen.

3 Die Muscheln unter fließend kaltem Wasser abbürsten und die Bärte entfernen. Beschädigte Exemplare und solche, die sich beim Antippen nicht sofort schließen, wegwerfen. Die restlichen Muscheln mit Wein und Knoblauch in einem abgedeckten Topf bei starker Hitze etwa 4–5 Minuten kochen, bis sich die Muscheln öffnen. Dabei den Topf gelegentlich rütteln. Muscheln, die sich nicht geöffnet haben, wegwerfen. Das Muschelfleisch aus den Schalen lösen. Den Kochsud durch ein feines Sieb in eine Schüssel abseihen.

4 Den Topf mit der Brühe und den Karottenscheiben vom Herd nehmen und leicht abkühlen lassen, dann portionsweise mit dem Muschelsud in der Küchenmaschine oder dem Standmixer glatt pürieren. Die Suppe wieder in den ausgespülten Topf geben, abschmecken und noch einmal erhitzen.

5 Die Muscheln zusammen mit den gedünsteten Karottenwürfeln in die Suppe einrühren. In Suppenschalen geben, mit Petersilie bestreuen und sofort mit den Brötchen servieren.

Krebssuppe mit Mais

Für 6 Personen

Zutaten

- 40 g Butter
- 1 Zwiebel, fein gehackt
- 2 Knoblauchzehen, fein gehackt
- 2 Selleriestangen, fein gehackt
- 1 kleine Karotte, fein gehackt
- 175 ml halbtrockener Weißwein
- 500 ml Fischfond oder Gemüsebrühe
- 250 g Mais, Tiefkühlware aufgetaut
- 1 Prise Cayennepfeffer
- ½ TL getrocknete Kräutermischung
- 350 g Sahne
- 175 g Crème fraîche
- 1 EL frisch gehackter Dill
- 250 g weißes Krebsfleisch
- Salz und Pfeffer
- Vollkornbrötchen, zum Servieren

1 Die Butter in einem großen Topf zerlassen. Zwiebel, Knoblauch, Sellerie und Karotte darin bei schwacher Hitze unter gelegentlichem Rühren 5 Minuten andünsten.

2 Den Weißwein zugießen und bei mittlerer Hitze 2 Minuten aufkochen, bis der Alkohol verkocht ist. Den Fischfond zugeben und zum Kochen bringen, dann Mais, Cayennepfeffer und Kräuter unterrühren. Erneut aufkochen, dann die Hitze reduzieren und die Suppe 15 Minuten köcheln.

3 Die Sahne einrühren und die Suppe bei schwacher Hitze weitere 10–15 Minuten erwärmen, aber nicht mehr aufkochen.

4 Unter ständigem Rühren mit dem Schneebesen nach und nach die Crème fraîche zugeben, dann Dill und Krebsfleisch unterrühren und die Suppe mit Salz und Pfeffer abschmecken. Nochmals 3–4 Minuten sanft erhitzen, dann in vorgewärmte Schalen geben und mit Brötchen servieren.

Hummer-Bisque

Für 4 Personen

Zutaten

- 450 g gekochter Hummer
- 45 g Butter
- 1 kleine Karotte, gerieben
- 1 Selleriestange, fein gehackt
- 1 Porreestange, fein gehackt
- 1 kleine Zwiebel, fein gehackt
- 2 Schalotten, fein gehackt
- 3 EL Weinbrand
- 55 ml trockener Weißwein
- 1,2 l Wasser
- 1 EL Tomatenmark
- 125 g Sahne, oder nach Belieben
- 6 EL Mehl
- 2–3 EL Wasser
- Salz und Pfeffer
- frische Schnittlauchröllchen, zum Garnieren

1 Den Hummerschwanz vom Kopfteil abdrehen. Auf den Rücken legen und längs halbieren. Die grüne Hummerleber und bei weiblichen Tieren auch den Corail (den festen, rotorangen Rogen) entfernen. Beide Teile abgedeckt kalt stellen. Das Fleisch auslösen, in mundgerechte Stücke schneiden und abgedeckt kalt stellen. Die Schale in grobe Stücke hacken.

2 Die Hälfte der Butter bei mittlerer Hitze in einem großen Topf zerlassen und die Schalenstücke darin anrösten, bis sie am Topfboden zu kleben beginnen. Karotte, Sellerie, Porree, Zwiebel und Schalotten zugeben und unter Rühren 2 Minuten andünsten, ohne zu bräunen. Weinbrand und Wein zugießen und 1 Minute sprudelnd aufkochen. Wasser, Tomatenmark und eine große Prise Salz zugeben und aufkochen. Die Temperatur reduzieren und alles etwa 30 Minuten köcheln. Die Brühe abseihen und die Siebrückstände wegwerfen.

3 Die restliche Butter in einem kleinen Topf zerlassen und Hummerleber und Rogen (falls vorhanden) hineingeben. Die Sahne zugeben, gut verrühren und vom Herd nehmen.

4 Das Mehl in einer Rührschüssel mit dem Handrührgerät nach und nach mit dem kalten Wasser verquirlen. Etwas heiße Brühe einrühren, damit die Flüssigkeit geschmeidig wird.

5 Die restliche Brühe aufkochen und die Mehlmischung einrühren. 4–5 Minuten sanft köcheln, bis die Suppe andickt. Sahne mit Hummerleber und Rogen durch ein grobes Sieb in die Suppe passieren, dann die Hummerstücke zufügen. Köcheln, bis alles durchgewärmt ist.

6 Abschmecken und nach Belieben mehr Sahne zugeben. Die Suppe in vorgewärmte Suppenschalen füllen und mit Schnittlauch bestreut servieren.

Kapitel 6
Beilagen

Croûtons

Für 4–6 Personen

Zutaten

- 2 Scheiben Weiß-, Roggen- oder Vollkornbrot vom Vortag, von der Rinde befreit
- 4 EL Pflanzen- oder Olivenöl
- 1 Knoblauchzehe, fein gehackt (nach Belieben)
- fein gehackte frische Kräuter, z. B. Petersilie und Thymian (nach Belieben)
- ½ TL Paprika- oder Chilipulver (nach Belieben)
- 1 EL frisch geriebener Parmesan (nach Belieben)
- Salz und Pfeffer

1 Das Brot in etwa 1 cm große Würfel schneiden.

2 Das Öl in einer Pfanne erhitzen. Das Brot und gegebenenfalls Knoblauch in einer Lage hineingeben, hin und wieder wenden, bis das Brot goldbraun und knusprig gebraten ist. (Achten Sie darauf, dass der Knoblauch nicht anbrennt, sonst schmeckt er bitter.)

3 Die Pfanne vom Herd nehmen und die Croûtons auf Küchenpapier abtropfen lassen.

4 Die heißen Croûtons nach Belieben in Kräutern, Paprikapulver, Chilipulver oder Parmesan wenden. Mit Salz und Pfeffer würzen. Am besten am gleichen Tag verwenden.

Sesam- & Mohnbrötchen

Ergibt 8 Stück

Zutaten

- 450 g Mehl (Type 550), plus etwas mehr zum Bestäuben
- 1 TL Salz
- 1½ TL Trockenbackhefe
- 1 EL Pflanzenöl, plus etwas mehr zum Einfetten
- 350 ml lauwarmes Wasser
- 1 Ei, verquirlt
- Sesam- und Mohnsaat, zum Bestreuen

1 Mehl, Salz und Hefe in einer großen Schüssel verrühren. Öl und Wasser zugießen und alles gut vermengen.

2 Auf eine leicht bemehlte Arbeitsfläche geben und 5–7 Minuten kneten, bis ein glatter, elastischer Teig entsteht. Eine große Schüssel mit etwas Öl einfetten. Den Teig zu einer Kugel formen, in die Schüssel geben und mit einem feuchten, sauberen Geschirrtuch bedecken. Den Teig an einem warmen Ort gehen lassen, bis sich sein Volumen verdoppelt hat.

3 Den Teig zurück auf die Arbeitsfläche geben, noch einmal kurz durchkneten und in 8 Stücke zerteilen. Die Stücke zu runden Brötchen formen und auf ein mit Backpapier ausgelegtes Backblech legen.

4 Die Brötchen mit einem feuchten Geschirrtuch abdecken und weitere 30 Minuten gehen lassen, bis sich ihr Volumen verdoppelt hat.

5 Den Backofen auf 220 °C vorheizen. Die Brötchen mit dem Ei bestreichen und mit Sesam und Mohn bestreuen. Etwa 10–15 Minuten im Ofen goldbraun backen. Die Brötchen sind gar, wenn sie beim Klopfen auf die Unterseite hohl klingen. Auf ein Kuchengitter legen und abkühlen lassen.

Knuspriges Weißbrot

Ergibt 1 Brot

Zutaten
- 1 Ei
- 1 Eigelb
- 150–200 ml lauwarmes Wasser
- 500 g Mehl (Type 550), plus etwas mehr zum Bestäuben
- 1½ TL Salz
- 2 TL Zucker
- 1 Tütchen Trockenbackhefe
- 25 g Butter, gewürfelt
- Sonnenblumenöl, zum Einfetten

1 Ei und Eigelb in eine Schüssel mit Messrand geben und leicht verquirlen. Die Masse mit lauwarmem Wasser zu 300 ml auffüllen und gut verrühren.

2 Mehl, Salz, Zucker und Hefe in eine große Schüssel geben. Die Butter zufügen und mit den Fingern in der Mischung verreiben, bis ein krümelige Masse entsteht. In die Mitte eine Mulde drücken, die Eimischung hineingeben und alles zu einem weichen Teig verkneten.

3 Den Teig auf einer leicht bemehlten Arbeitsfläche 10 Minuten kneten, bis er glatt und elastisch ist. Eine Schüssel mit etwas Öl einfetten. Den Teig in die Schüssel geben, mit einem feuchten, sauberen Geschirrtuch abdecken und an einem warmen Ort 1 Stunde gehen lassen, bis sich sein Volumen verdoppelt hat.

4 Eine Kastenform (900 g Inhalt) mit Öl einfetten. Den Teig erneut 1 Minute durchkneten und auf die Länge und dreifache Breite der Form ausrollen. Dann beide Längsseiten nach innen schlagen und das Brot mit der Nahtstelle nach unten in die Form legen. Abdecken und an einem warmen Ort weitere 30 Minuten gehen lassen, bis der Teig über die Form hinaus aufgegangen ist. Unterdessen den Backofen auf 220 °C vorheizen.

5 Das Brot 30 Minuten im Ofen backen, bis es goldbraun ist und beim Klopfen gegen die Unterseite hohl klingt. Auf ein Kuchengitter stürzen und vor dem Servieren vollständig auskühlen lassen.

Vollkornbrot

Ergibt 1 Brot

Zutaten
- 250 g Weizenvollkornmehl, plus etwas mehr zum Bestäuben
- 1 EL Magermilchpulver
- 1 TL Salz
- 2 EL feiner brauner Zucker
- 1 TL Trockenbackhefe
- 1½ EL Sonnenblumenöl, plus etwas mehr zum Einfetten
- 175 ml lauwarmes Wasser

1 Mehl, Milchpulver, Salz, Zucker und Hefe in eine große Schüssel geben. Öl und Wasser zufügen und alles zu einem glatten Teig vermengen.

2 Den Teig auf einer leicht bemehlten Arbeitsfläche 10 Minuten kneten. Zu einer Kugel formen. Eine Schüssel mit etwas Öl einfetten. DenTeig in die Schüssel legen, mit einem feuchten, sauberen Geschirrtuch abdecken und an einem warmen Ort 1 Stunde gehen lassen, bis sich sein Volumen verdoppelt hat.

3 Eine Kastenform (900 g Inhalt) mit Öl einfetten. Den Teig auf einer bemehlten Arbeitsfläche erneut 1 Minute durchkneten und auf die Länge und dreimal die Breite der Form ausrollen. Dann beide Längsseiten nach innen schlagen und das Brot mit der Nahtstelle nach unten in die Form legen. Abdecken und an einem warmen Ort weitere 30 Minuten gehen lassen, bis der Teig über die Form hinaus aufgegangen ist.

4 Währenddessen den Backofen auf 220 °C vorheizen. Das Brot im vorgeheizten Ofen etwa 30 Minuten goldbraun backen. Es ist fertig, wenn es beim Klopfen auf die Unterseite hohl klingt. Auf einem Kuchengitter auskühlen lassen.

Mehrkornbrot

Ergibt 1 Brot

Zutaten

- 375 g Mehl (Type 550), plus etwas mehr zum Bestäuben
- 125 g Roggenmehl (Type 1370)
- 1½ EL Magermilchpulver
- 1½ TL Salz
- 1 EL feiner brauner Zucker
- 1 Tütchen Trockenbackhefe
- 1½ EL Sonnenblumenöl, plus etwas mehr zum Einfetten
- 2 TL Zitronensaft
- 300 ml lauwarmes Wasser
- 1 TL Kümmelsamen
- ½ TL Mohnsaat
- ½ TL Sesamsaat

Belag

- 1 Eiweiß
- 1 EL Wasser
- 1 EL Sonnenblumen- oder Kürbiskerne

1 Beide Mehlsorten, Milchpulver, Salz, Zucker und Hefe in eine große Schüssel geben. Öl, Zitronensaft und Wasser hineingießen. Die Samen zufügen und alles zu einem weichen Teig verkneten. Den Teig auf einer leicht bemehlten Arbeitsfläche 10 Minuten kneten, bis er glatt und elastisch ist.

2 Eine Schüssel mit etwas Öl einfetten. Den Teig in die Schüssel legen, mit einem feuchten, sauberen Geschirrtuch abdecken und an einem warmen Ort 1 Stunde gehen lassen, bis sich sein Volumen verdoppelt hat.

3 Eine Kastenform (900 g Inhalt) mit Öl einfetten. Den Teig auf einer bemehlten Arbeitsfläche erneut 1 Minute durchkneten und auf die Länge und dreimal die Breite der Form ausrollen. Dann beide Längsseiten nach innen schlagen und das Brot mit der Nahtstelle nach unten in die Form legen. Abdecken und an einem warmen Ort weitere 30 Minuten gehen lassen, bis der Teig über die Form hinaus aufgegangen ist.

4 Den Backofen auf 220 °C vorheizen. Für den Belag das Eiweiß mit dem Wasser verquirlen und das Brot kurz vor dem Backen damit bestreichen. Die Sonnenblumenkerne vorsichtig oben in den Teig drücken.

5 Das Brot 30 Minuten im Ofen backen, bis es goldbraun ist und beim Klopfen auf die Unterseite hohl klingt. Auf ein Kuchengitter stürzen und vor dem Servieren vollständig auskühlen lassen.

Roggenbrot

Ergibt 1 Brot

Zutaten

- 450 g Roggenmehl (Type 997)
- 250 g Mehl (Type 550), plus etwas mehr zum Bestäuben
- 2 TL Salz
- 2 TL feiner brauner Zucker
- 1½ Tütchen Trockenbackhefe
- 450 ml lauwarmes Wasser
- 2 TL Pflanzenöl, plus etwas mehr zum Einfetten

Glasur

- 1 Eiweiß
- 1 EL Wasser

1 Beide Mehlsorten und Salz in eine große Schüssel sieben. Zucker und Hefe untermischen. Eine Vertiefung in die Mitte drücken und Wasser und Öl hineingießen.

2 Alles verrühren, bis die Zutaten gebunden sind. Dann so lange kneten, bis sich der Teig von der Schüsselwand löst. Den Teig auf eine leicht bemehlte Arbeitsfläche geben und 10 Minuten kneten, bis er glatt und geschmeidig ist.

3 Eine saubere Schüssel mit Öl ausstreichen. Den Teig zu einer Kugel formen und in die Schüssel geben. Abgedeckt an einem warmen Ort 2 Stunden gehen lassen, bis sich das Teigvolumen verdoppelt hat.

4 Ein Backblech einfetten. Den Teig auf einer leicht bemehlten Arbeitsfläche nochmals 10 Minuten durchkneten.

5 Den Teig zu einer Kugel formen und auf das vorbereitete Backblech setzen. Abgedeckt an einem warmen Ort weitere 40 Minuten gehen lassen, bis sich das Teigvolumen verdoppelt hat.

6 Währenddessen den Backofen auf 190 °C vorheizen. Das Eiweiß mit dem Wasser verquirlen.

7 Den Laib im Ofen 20 Minuten backen, dann herausnehmen und mit der Hälfte der Glasur bestreichen. Wieder in den Ofen schieben und weitere 20 Minuten backen.

8 Den Laib mit dem restlichen Eiweiß bestreichen und weitere 20–30 Minuten backen, bis die Kruste eine schöne braune Farbe hat. Das Brot ist fertig, wenn es sich beim Klopfen auf die Unterseite hohl anhört. Das fertige Brot auf einem Kuchengitter auskühlen lassen.

Irisches Buttermilchbrot

Ergibt 1 Brot

Zutaten
- 280 g Mehl, plus etwas mehr zum Bestäuben
- 280 g Weizenvollkornmehl
- 1½ TL Speisenatron
- 1 TL Salz
- 1 TL brauner Zucker
- 450 ml Buttermilch

1 Den Backofen auf 230 °C vorheizen. Ein Backblech mit Mehl bestäuben. Beide Mehlsorten, Natron und Salz in eine große Schüssel sieben und den Zucker untermischen. Eine Vertiefung in die Mitte drücken und die Buttermilch einarbeiten, bis ein weicher, nicht zu klebriger Teig entstanden ist.

2 Den Teig auf eine leicht bemehlte Arbeitsfläche geben. Kurz kneten und zu einem 5 cm dicken Kreis ausziehen. Diesen leicht mit Mehl bestäuben und in der Mitte mit einem Messer ein Kreuz einschneiden.

3 Den Laib auf das Backblech geben und 15 Minuten im Ofen backen. Die Ofentemperatur auf 200 °C reduzieren und das Brot weitere 20–25 Minuten backen. Das Brot ist fertig, wenn es sich beim Klopfen auf die Unterseite hohl anhört. Auf einem Kuchengitter auskühlen lassen und servieren.

Buttermilch-Scones

Ergibt 6–7 Stück

Zutaten

- 250 g Mehl, plus etwas mehr zum Bestäuben
- 1 TL Salz
- 1 TL Speisenatron
- 1 TL Weinsteinpulver
- ¼ TL Pfeffer
- 50 g Butter
- 150 ml Buttermilch oder saure Sahne
- 1 Eigelb, verquirlt, für die Glasur

1 Mehl, Salz, Natron und Weinsteinpulver in eine große Schüssel sieben und gut vermischen. Den Pfeffer zugeben und vermengen.

2 Die Butter zufügen und alles mit den Fingern zu einem feinkrümeligen Teig verarbeiten. Eine Mulde in der Mitte formen und die Buttermilch hineingießen. Mit einer Gabel rasch zu einem weichen Teig verarbeiten. Auf eine leicht bemehlte Arbeitsfläche geben und zu einem glatten Teig verkneten.

3 Den Teig 2 cm dick ausrollen und mit einer runden Ausstechform (6 cm Ø) Kreise ausstechen. Die Teigkreise etwa 15 Minuten gehen lassen.

4 Den Backofen auf 220 °C vorheizen. Ein Backblech in den Ofen geben und ebenfalls vorheizen. Die Teigkreise mit dem Eigelb bestreichen und auf das vorgeheizte Backblech legen. Etwa 15 Minuten im Ofen goldgelb backen, bis die Scones schön aufgegangen sind. Auf ein Kuchengitter legen und abkühlen lassen.

Chili-Polenta-Muffins

Ergibt 12 Stück

Zutaten

- Öl oder zerlassene Butter, zum Einfetten (nach Belieben)
- 175 g Mehl
- 4 TL Backpulver
- 1 TL Salz
- 175 g feine Polenta
- 2 EL Zucker
- 4 Frühlingszwiebeln, fein gehackt
- 1 frische rote Chili, entkernt und fein gehackt
- 3 Eier
- 150 g Naturjoghurt
- 150 ml Milch

1 Den Backofen auf 200 °C vorheizen. Eine Muffin-Form mit 12 Vertiefungen einfetten oder mit 12 Papierförmchen auslegen. Mehl, Backpulver und Salz in eine große Schüssel sieben. Dann Polenta, Zucker, Frühlingszwiebeln und Chili unterrühren.

2 Die Eier in einer großen Schüssel verquirlen, dann Joghurt und Milch unterrühren. In die Mitte der trockenen Zutaten eine Mulde drücken und die Eimischung hineingießen. Alles vorsichtig und nur kurz miteinander vermengen, keinesfalls zu lange rühren.

3 Den Teig in die vorbereitete Muffin-Form geben und 15–20 Minuten im Ofen backen, bis die Muffins schön aufgegangen und goldbraun sind sowie sich bei Fingerdruck fest anfühlen.

4 In der Form 5 Minuten abkühlen lassen, dann auf einem Kuchengitter auskühlen lassen.